Rudolf R. Knirsch

Unsere Umwelt entdecken

Rudolf R. Knirsch

Unsere Umwelt entdecken

Spiele und Experimente
für Eltern und Kinder

Wolfgang Krüger Verlag

Fotonachweis: R. Behlert, Naturschutzzentrum NRW, Recklinghausen (S. 85 rechts); Fahrenberger, Dreieich (S. 49 links); Ernst Heim, Schweiz (S. 78); Der Hessische Minister für Landwirtschaft, Forsten und Naturschutz, Referat für Presse- und Öffentlichkeitsarbeit, Wiesbaden (S. 49 rechts); KRÜGER Archiv, Frankfurt am Main (S. 93); Treugesell-Verlag, Düsseldorf (S. 77); Tschapka, Das Bunte Dorf, Wien (S. 85 links); Hans-Velten Heuson, Büdingen (S. 89 oben).
Alle weiteren Fotos von Regina und Rudolf R. Knirsch.

Gefördert von der

Stiftung
Hessischer
Naturschutz

Lektorat: Ulrich Ernst Huse
Grafiken: Uta Verena Pareik
Typografie und Herstellung: Hans-Heinrich Ruta
Umschlaggestaltung: Manfred Walch, Frankfurt am Main, unter Verwendung dreier Fotos von Rudolf R. Knirsch
Lithografie: Industriedienst Reproduktion, Wiesbaden
Satz: Fotosatz Otto Gutfreund, Darmstadt
Druck und Verarbeitung: Georg Appl, Wemding
ISBN 3-8105-1038-6

Inhalt

Für Eltern und Kinder

Die Zerstörung unserer Umwelt geht Hand in Hand mit der Zerstörung unseres Bewußtseins von der Umwelt. Die natürliche Umwelt wird von vielen Menschen nicht mehr unmittelbar erlebt. Nur noch selten sind wir in naturgegebene Abläufe wie Sturm, Gewitter oder Nacht einbezogen. Für viele

▷ ist Boden mit Blumenerde identisch,
▷ verkürzt sich der Wasserkreislauf auf die Verbindung vom Wasserhahn zum Wasserwerk,
▷ kommt Milch aus der Tüte,
▷ sind Käfer, Regenwurm und Spinne zu Geschöpfen geworden, vor denen man Angst hat oder sich ekelt.

Das Denken in natürlichen Zusammenhängen geht zunehmend verloren. »Ökologische Defizite« und nur wenig umweltgemäßes Verhalten sind die Folge. Es gibt dafür zahllose Beispiele:

▷ Das Anlegen von einförmigen, artenarmen Grünflächen in Gärten und Parks,
▷ gedankenloses Wegwerfen von leeren Dosen und Flaschen,
▷ Entleeren des Aschenbechers am Picknickplatz,
▷ Küchen- und Gartenabfällen in der Mülltonne, statt auf dem Komposthaufen,
▷ verschwenderischer Verbrauch von kostbarem Trinkwasser.

Erst in jüngster Zeit mehren sich die Zeichen für einen Wandel: Bio-Bauern, Naturschützer, Umweltgruppen und auch einige Politiker sorgen in zunehmendem Maße dafür, daß unser Denken und Handeln von größerem Verantwortungsgefühl gegenüber der Natur geprägt wird.

Die wagemutigen Einsätze von *Greenpeace* verdienen Bewunderung. Aber nicht jeder wird sich für solche Aktivitäten begeistern lassen. Und doch sind wir alle aufgerufen, jeder nach seinen Möglichkeiten. Wie Sie vielleicht, wenn Sie sich für eine Aktion zum sparsamen Umgang mit wertvollen Rohstoffen einsetzen oder das mitunter in bürokratischen Reglementierungen erstarrte Gewissen gegenüber der Natur wachrütteln helfen.

Obwohl sich immer mehr Menschen als ein Teil der Erde verstehen und in deren pfleglicher Behandlung eine Verpflichtung sehen, sind es noch viel zu wenige, die mitdenken und mithandeln. Ihre Zahl gilt es zu vergrößern. Diesem Ziel dient dieses Buch. Es will

Umwelterziehung an der Basis betreiben und in vielen kleinen Schritten gegen ökologische Unvernunft zu Felde ziehen. Es wendet sich daher in erster Linie an Eltern, aber auch an Pädagogen und Mitarbeiter in der Jugendarbeit, und

- ▷ will ermutigen, gemeinsam mit Freunden und Kindern Umwelt in ihrer Vielfalt zu entdecken, zu erleben und zu verstehen,
- ▷ will helfen, der zunehmenden räumlichen und geistigen Naturferne Einhalt zu gebieten, wie sie beispielsweise in der Angst vor einem Regenwurm zum Ausdruck kommt,
- ▷ bietet ökologische Grundeinsichten und Arbeitstechniken,
- ▷ bringt unterhaltsame Übungen,
- ▷ schlägt Aktivitäten vor, die helfen, ein Gefühl der Verbundenheit mit der naturnahen Umwelt zu entwickeln und vielfach bestehende Unverbindlichkeit in Betroffenheit und Ehrfurcht zu verwandeln,
- ▷ fordert auf zu kreativem Mitdenken und Umdenken, zum Mitmachen und Suchen umweltgerechter Lösungen,
- ▷ berücksichtigt die vielfältigen umweltpädagogischen Erfahrungen angelsächsischer Länder.

Die in diesem Buch beschriebenen Ideen und Anleitungen können im Spiel, auf Wanderungen und Spaziergängen verwirklicht werden. Ein Teil der Aktivitäten mit ökologischem Hintergrund kann sogar an Kindergeburtstagen oder anderen Kindertreffs durchgeführt werden. Natürlich können mit den beschriebenen Übungen und Aktivitäten die Ursachen der Umweltbedrohung und Naturzerstörung nicht beseitigt werden. Sie können aber als Teile eines Ganzen auf ihre Weise dazu beitragen, das Verständnis für die Notwendigkeit von Umweltschutz und einer intakten naturnahen Umwelt zu vertiefen und die Lücke zwischen Wissen und Verhalten zu verkleinern.

Grundeinsicht für uns alle müßte sein: Wenn wir Natur für uns erhalten wollen, braucht das Raumschiff Erde keine blinden Passagiere, sondern eine Mannschaft.

Dieses Buch soll Umwelt in ihrer Vielfalt vor Augen führen. Denn Umwelt, das sind nicht nur Pflanzen, Tiere und Menschen, das sind auch Nachbarn, Fremde, Freunde, Bäche, Flüsse und Seen, Wälder, Wiesen und Äcker, das sind Häuser, Straßen und Plätze, Autos und Flugzeuge, das sind der Himmel über und die Erde unter uns. Umwelt, das sind undichte Deponien, aus denen vergiftetes Wasser austritt, das ist schadstoffbelastetes Gemüse, das sind Abgase aus Autos und Schornsteinen. Umwelt, das sind daher auch Menschen wie du und ich, die sich Gedanken machen über die

Umwelt und mithelfen wollen, in kleinsten Schritten Belastungen zu vermindern und zu vermeiden.

Zum erfolgreichen Lernen in und an der Umwelt bedarf es der Arbeit in kleinen Gruppen. Die Kleingruppe – z.B. die Familie mit durchschnittlich drei bis vier Mitgliedern – erlaubt es, daß alle unmittelbar tätig werden. Diese ideale Gruppengröße ist leider im Normalfall nicht immer organisierbar, auch in der Schule nicht, da nicht vier bis sechs Lehrer für ein Vorhaben abgestellt werden können. Und doch ist in der Schule die für die Umwelterziehungsarbeit unerläßliche Kleingruppenarbeit möglich – wenn die Eltern bereit sind, als freiwillige Helfer mitzumachen.
In den USA sind freiwillige Helfer das Rückgrat fast aller privaten Umwelt- und Naturstudienzentren. Teilweise können sich diese Einrichtungen auf mehrere Dutzend gut ausgebildeter und engagierter Helfer stützen; es sind Hausfrauen, Rentner, Schüler und Studenten. Als »Naturkundelehrer« betreuen sie vor allem Schulklassen und ermöglichen so das Arbeiten in Kleingruppen.

Allen, die bei der Erprobung der beschriebenen Aktivitäten mitgearbeitet haben, sei an dieser Stelle gedankt, insbesondere Gerhard Baur, Hans Burkart, Susanne Dittrich, Karin Eckert, Ute Faul, Heidi Heinemann, Ingrid Jäger, Regina Knirsch, Karin Petersen, Eduard Schilling, Michael Schwarz, Rainer Struck, Dagmar Voß und Eva Wiepel.

In der Umwelterziehung sind Erleben und Fühlen genausowenig ein Ersatz für Wissen wie Wissen für Erleben und Fühlen; Kopf, Herz und Hand gehören in einer ganzheitlichen Welt untrennbar zusammen.
Wir alle müssen das Gefühl bekommen, auf unseren Erkundungen mit etwas in Berührung gekommen zu sein, das wir – zurückgekehrt in unsere städtische Umwelt – vermissen.

Rudolf R. Knirsch

Umwelt geht uns alle an

Wenn du nicht ein Teil der Lösung des Problems bist, bist du ein Teil des Problems.

Übereinstimmung mit der Umwelt ist die Grundlage für eine Welt, für die man als einzelner oder als Teil einer sozialen Gruppe Verantwortung zu tragen bereit ist. Die Einsicht in die Notwendigkeit eines solchen Verhaltens kann nicht früh genug gewonnen werden. Sie ist nicht allein über Worte zu erreichen. Betroffenheit und die Entwicklung eines Gefühls der Verantwortung als Motivation für eine Handlungsänderung lassen sich nicht so einfach vermitteln wie Fachbegriffe.

Katastrophen – und kein Ende?

Zu allen Zeiten in der jahrmillionenlangen Entwicklungsgeschichte des Lebens auf der Erde entstanden und vergingen Tier- und Pflanzenarten. In den letzten Jahrhunderten hat die zoologische Art *homo sapiens* – der vernunftbegabte Mensch – jedoch verstärkt in diesen natürlichen Prozeß eingegriffen und den Untergang anderer Arten beschleunigt. Laut *Global 2000* dürften in den nächsten Jahrzehnten etwa 500000 Arten ausgerottet werden.

Neugierige verjagen rastende Störche
Wenningsen-Bredenbeck. Am 20. August, nach einem trockenen, heißen Tag, waren sie plötzlich über Bredenbeck, die Störche. Sie ließen sich auf Dächern und Schornsteinen nieder. 49 hat die eine gezählt, 58 der andere.
Die Vögel hielten auf ihrem Zug Ausschau nach einem möglichen Ruhe- und Übernachtungsplatz. Der bot sich ihnen am Ortsrand, wo Äcker und Teiche auch Nahrung verhießen. In der Mitte dieses halben Quadratkilometer Ackerlandes versammelten sie sich, weitab vom Wegenetz.
Die Nachricht über die seltenen Besucher – das letzte Paar hatte bis Ende der 60er Jahre in Groß Munzel genistet – flog von Mund zu Mund, von Haus zu Haus. Viele Menschen kamen und wollten das großartige Naturschauspiel sehen. Sie hielten rücksichtsvoll weiten Abstand. Nur einer durchbrach diesen cordon sanitaire. Sein Sohn sollte die großen Vögel aus der Nähe sehen können. Über freies Stoppelfeld krochen die beiden weithin sichtbar auf allen vieren näher und näher. Die Störche wendeten sich ängstlich gegen die

Mit jeder Handlung nimmt der Mensch Einfluß auf die Natur, greift ein in das Gefüge seiner Umwelt – und ist sich dabei oft der Folgen seines Tuns nicht bewußt.

Zudringlichen. Man glaubte aus ihrem Verhalten geradezu die Bitte um Rücksichtnahme zu spüren. Vergeblich. Die ersten Tiere erhoben sich, die anderen verhielten sich noch starr. Schließlich mußten auch sie aufgeben. Noch über eine Stunde lang kreisten sie hilflos und verstört über Steinkrug.
Beklommen sahen das die meisten Zuschauer. Einer von ihnen fragte bei der Polizei in Ronnenberg an, aber gesetzliche Handhabe gibt es für einen solchen Fall nicht. *(Hannoversche Allgemeine Zeitung, 25. 8. 1983)*

Wennigsen-Bredenbeck. Drei Jungstörche haben auf ihrem Zug in den Süden die Rast bei Bredenbeck nicht überlebt. Sie sind durch Schaulustige aufgescheucht worden, gegen Hochspannungsleitungen geflogen und abgestürzt. *(Hannoversche Allgemeine Zeitung, 27./28. 8. 1983)*

Tropische Regenwälder für »Hamburger« geopfert?

Der Appetit der Bewohner der Industrieländer auf »Hamburger« ist eine wesentliche Ursache für die Zerstörung von tropischen Regenwäldern in Südamerika. Die Nachfrage nach billigem Rindfleisch hat dazu geführt, daß große Urwaldgebiete gerodet und in Viehweiden verwandelt wurden.
In Südamerika sind heute bereits zwei Drittel des Waldes durch Landwirtschaft, Siedlungen und andere Erschließungen zerstört. Nach neuesten Angaben der Vereinten Nationen verschwinden weltweit jährlich 11,4 Millionen Hektar (21,6 Hektar je Minute) tropische Regenwälder. (nach *Frankfurter Allgemeine Zeitung, 3. 11. 1982*)

Massenvernichtung von Webervögeln in Afrika

Mit einem Sprühgerät für Chemikalien, das von der deutschen Gesellschaft für Technische Zusammenarbeit entwickelt wurde, sollen in Zukunft die afrikanischen Webervögel bekämpft werden. Die Blutschnabelweber, Verwandte des Sperlings, ernähren sich vorwiegend von Sämereien und mindern in manchen Gebieten südlich der Sahara erheblich die landwirtschaftlichen Erträge. Bisher hat man die Webervögel, die in riesigen Schwärmen aus bis zu mehreren Millionen Tieren über die Felder herfallen, vorwiegend vom Flugzeug aus bekämpft. Pro Hektar wurden bis zu 20 Liter des Wirkstoffes Fenthion versprüht. Das neue, dieselgetriebene Gerät kommt dagegen mit 0,5 bis 3 Liter des Giftes für diese Fläche aus. Bei Versuchen in Nigeria wurden nach Angaben der Gesellschaft pro Quadratmeter 200 bis 400 Vögel vernichtet, mindestens zwei Millionen pro Hektar.

Das neue Verfahren wird – wenn auch mit Einschränkungen – als »umweltschonend« bezeichnet, doch scheint es wegen der Massenvernichtung der Vögel alles andere als ökologisch unbedenklich zu sein. Außerdem ist zu befürchten, daß bei unsachgemäßer Anwendung des Gerätes und bei ungünstiger Witterung der Sprühnebel verweht wird und auch andere Tiere trifft.

(Frankfurter Allgemeine Zeitung, 15. 9. 1982)

Das Ende der Wandertaube

Die Wandertaube bevölkerte den Osten Nordamerikas noch Mitte des vergangenen Jahrhunderts in Schwärmen von Millionen von Tieren. Die Zahl der allein in Wisconsin auf einem Gebiet von 2200 Quadratkilometern nistenden Tiere schätzte man auf 136 Millionen (!). Einen derart großen Bestand ausrotten zu können schien unvorstellbar. Doch das wohlschmeckende Fleisch der Tiere und die Veränderungen ihres Lebensraumes – Folge der umfangreichen Rodungen – wurden der Wandertaube zum Verhängnis. 1899 beobachtete man das letzte Tier in Freiheit. 1909 setzte ein Amerikaner eine Belohnung (1500 Dollar) für den Nachweis eines einzigen brütenden Paares aus. Die Prämie wurde nie ausbezahlt. 1914 starb die letzte Wandertaube im Zoo von Cincinnati.

Hilfe in letzter Minute

Nur wenig besser erging es dem nordamerikanischen Bison. Diese Wildrindart bevölkerte einst in Millionenzahl die große Ebene vom Eriesee bis nach Louisiana und Texas. Die großen Herden lebten im Gleichgewicht mit ihrer Umwelt. Die Bisons boten den Indianern über Jahrtausende eine Lebensgrundlage. Alles wurde verwendet: Das Fleisch war Nahrung, die Häute dienten als Rohstoff für Schuhe, Kleider, Zelte und Schilde, die Knochen verarbeiteten die Indianer zu Waffen und Nadeln; aus den Zähnen entstand für sie wertvoller Schmuck, und die Sehnen wurden zu Schnüren. Die Eingeweide schließlich ließen sich als Säcke und Behälter verwenden, die Hufknochen wurden zu Leim verkocht, und der noch verbleibende Rest diente als Brennmaterial. Nichts verkam.

Grundanliegen ist es, den Menschen wieder in Kontakt zu bringen mit der Natur, von der er ein geistiges Bild nur noch in Resten in sich trägt.

Nach der Einwanderung der Weißen änderte sich das sehr schnell. »Fleischjäger« schossen Bisons ab, um den eingewanderten Menschen Nahrung zu verschaffen und das landwirtschaftlich genutzte Land vor den Herden zu schützen. Einer von ihnen,

Buffalo Bill, wurde dank seiner Schießkunst und seiner Prahlereien zu einer weltbekannten und legendären Figur.
Diese Fleischjäger hätten jedoch die Ausrottung des Bisons wohl kaum vollbringen können. Erst als die »Häutejäger« dem Bison nachstellten – sie nahmen nur die Häute und ließen alles andere verkommen –, war das Schicksal der Bisonherden besiegelt.
Eine besondere Form von Tourismus besorgte den Rest: Die Eisenbahngesellschaften warben für Vergnügungsreisen, bei denen die Bisons vom Zugfenster aus abgeschossen wurden. Durch diese Massenschlächterei nahm man den Indianern die Lebensgrundlage – teilweise in voller Absicht, um sie auszuhungern.
1890 war es dann soweit. Nur noch wenige Dutzend Tiere hatten das Massaker überlebt. Wenn der Bison heute noch in freier Wildbahn anzutreffen ist und der Bestand der Art gesichert zu sein scheint, so ist das dem Einsatz einzelner, dem Aufkommen des Schutzgedankens und der Gründung von privaten und öffentlichen Einrichtungen zum Schutz der Tiere zu verdanken.

Das Wissen nutzen

»Die Frage ist heute, wie man die Menschheit überreden kann, in ihr eigenes Überleben einzuwilligen.« *Bertrand Russell*

Dem vernunftbegabten Menschen ist es gelungen, seine natürlichen Feinde – sieht man von einigen krankheitserregenden Mikroorganismen ab – weitgehend auszurotten bzw. im Verlauf einer Erkrankung erfolgreich zu bekämpfen. Eine Folge davon ist uns allen bekannt: Die Bevölkerung der Erde wuchs in den letzten Jahrhunderten explosionsartig an, das heißt eine bestimmte Zuwachsgröße wurde in immer kürzeren Zeitabschnitten erreicht.
D. Meadows beschreibt diese Art der Entwicklung eindrucksvoll in seinem Buch *Die Grenzen des Wachstums*: »In einem Gartenteich wächst eine Lilie (Seerose), die jeden Tag auf die doppelte Größe wächst. Innerhalb von 30 Tagen kann die Lilie den ganzen Teich bedecken und alles andere Leben in dem Wasser ersticken. Aber ehe sie nicht mindestens die Hälfte der Wasserfläche einnimmt, erscheint ihr Wachstum nicht beängstigend; es gibt ja noch genügend Platz, und niemand denkt daran, sie zurückzuschneiden, auch nicht am 29. Tag; noch ist ja die Hälfte des Teiches frei. Aber schon am nächsten Tag ist kein Wasser mehr zu sehen.«
Wie die Entwicklung der Menschheit in Zukunft verlaufen wird, das wissen wir nicht. Denn einige Merkmale unterscheiden den vernunftbegabten Menschen grundlegend von den Tieren. Eines davon ist die Fähigkeit, selbstzerstörerisch gegen elementare Gesetze

der Natur handeln zu können. Die Jahrmillionen währende evolutionäre Anpassung an die Umwelt scheint für den Menschen weitgehend aufgehoben: Er hat zwar immer mehr Kenntnisse und Erkenntnisse über die Welt, in der er lebt, gewonnen, in seinem Handeln gegenüber der Natur ist er jedoch kaum weiser geworden. Und so drängt sich die Frage auf: Wie müßte der Mensch handeln, um zu überleben?

Umwelterziehung: Aufgaben und Probleme

Übereinstimmung mit der Umwelt ist die Grundlage für eine Welt, für die man als einzelner oder als Teil einer sozialen Gruppe Verantwortung zu tragen bereit ist.

Die Qualität des Lebens auf der Erde ist für alle – heute und in der Zukunft – abhängig von der Art und Weise, wie mit den Schätzen des Planeten Erde gewirtschaftet wird. Es gehört daher zu den Hauptaufgaben der Umwelterziehung, bewußt zu machen, wie der Mensch Einfluß nimmt auf seine Umwelt und daß er – wie jedes andere Lebewesen auch – Gesetzen der Natur unterliegt.
Durch Umwelterziehung soll der Mensch als die entscheidende umweltverändernde Kraft zu verantwortungsbewußtem Handeln befähigt werden. Das bedeutet: Er soll willens sein, im eigenen Einflußbereich umwelterhaltende Maßnahmen zu unterstützen bzw. einzuleiten. Dabei geht es um die Übernahme von Verantwortung für etwas Gegenständliches, Reales – beispielsweise für ein Stück Garten, für eine Pflanze, für einen Öko-Pfad oder vieles andere mehr.
Umwelterziehung bedeutet keine romantisch verklärte Rückbesinnung auf die Natur. Vielmehr gewinnen Schonen und Pflegen als in die Zukunft gerichtete Haltungen an Bedeutung. So wird Umwelterziehung auch zu einer Sache des Nichtrationalen, des Emotionalen, des Ästhetischen, Ethischen und Kreativen.
Umwelterziehung reicht daher weit über den naturwissenschaftlich-ökologischen Aspekt hinaus. Sie ist mehr als nur ein vordergründiges Sich-Beschäftigen mit Müll, Abwässern, Lärm, Staub, Abgasen und dergleichen mehr. Sie ist Lernhilfe zum Entdecken von Umwelt und zum Sensibilisieren für Probleme der Umwelt, Hilfe zur intensiven, selbständigen und sich selbst und der Gesellschaft gegenüber verantwortungsbewußten Auseinandersetzung mit diesen Problemen, damit Handeln und Verantwortung nicht auf andere abgewälzt werden.

Natur kann nur von jenen sinnvoll geschützt werden, die sie kennen!

Umwelterziehung stößt im Alltag oft auf Hindernisse:

- ▷ Aufgrund der weitverbreiteten Interesselosigkeit und Gleichgültigkeit, aber auch Bequemlichkeit der Erwachsenen erleben Kinder und Jugendliche in der Regel ein negatives Vorbild;

das reicht vom Leeren des Autoaschenbechers am Picknickplatz bis hin zum Ablagern lebensgefährlichen Giftmülls irgendwo im Gelände.

▷ Kinder und Jugendliche haben oft nicht die Möglichkeit, mehr Verantwortung für die Erhaltung und Pflege unseres Lebensraums zu tragen; sie werden auch nur vereinzelt mit den Problemen der Natur vor Ort konfrontiert oder zu einer sachlichen und kritischen Auseinandersetzung aufgefordert.

Entscheidend ist daher die Einbindung der Umwelterziehung in die jeweils realen Lebenssituationen des Alltags. Umwelterziehung, soll sie erfolgreich sein, ist ein Weg in kleinen und behutsamen Schritten.

Organisieren Sie eine Erkundungswanderung als Familienausflug!

P. H. Risk liefert ein wirklichkeitsnahes Beispiel: Auf einer geführten Wanderung in einem Nationalpark hatte die Gruppe gerade einen Baumstamm passiert. Ein etwa zehn Jahre altes Mädchen fand etwas seitwärts davon einen Frosch. Es hob ihn auf und versuchte, an den beiden nächsten Haltepunkten die Aufmerksamkeit des Leiters zu gewinnen. Als er endlich ihre Beute entdeckte, reagierte er ziemlich ärgerlich: »Wo hast du das her? Es ist gegen die Parkregeln, irgend etwas zu verändern. Gib den Frosch wieder dorthin zurück, wo du ihn gefunden hast.« Blamiert vor den Augen der ganzen Gruppe, brachte das Kind den Frosch zurück...

Durch ein solches Verhalten wird der Umwelterziehung sicherlich kein Dienst erwiesen. Dabei gibt es verschiedene Reaktionsmöglichkeiten. Wohl nicht verkehrt dürfte es sein, das Tier erst mal von allen genau betrachten zu lassen und das Mädchen seiner scharfen Augen wegen zu loben. Das Mädchen könnte erzählen, wo es den Frosch gefunden hat. Dann würde man das Tier an den nächsten Baumstamm zurücksetzen mit der Bemerkung: »Er findet sicher wieder an seinen Platz zurück!«

Ihr Einsatz macht Umweltaktivitäten möglich, die ohne Sie nicht stattfinden könnten.

Es soll nochmals hervorgehoben werden: Umwelterziehung ist auf den Menschen gerichtet. Nicht, weil er die Krone der Schöpfung auf der Erde ist, sondern weil er ein Teil dieser Erde ist und er allein die bewußte Fähigkeit hat, das Leben auf der Erde zu erhalten oder zu zerstören. So verstanden ist Umwelterziehung keine Ausbildung für die Wissenschaft. Sie ist vielmehr Erziehung für das Leben!

Tips für die Umweltarbeit mit Kindern

»Ich bin Teil der Umwelt, und sie ist ein Teil von mir.«
F. O. Schmaderer

Wer seinen Kindern wieder ein wenig Verbundenheit mit der Natur geben möchte, nicht zuletzt, um in ihnen auch ein Gefühl der Harmonie mit anderen Menschen zu wecken, muß behutsam vorgehen. Wollen Sie erfolgreich sein, so dürfen Sie die Teilnahme an den nachfolgend beschriebenen Aktivitäten nicht anordnen. Und Sie wissen am besten, wie Sie das Interesse für einen gemeinsamen Gang in die Natur bei Ihren Kindern wecken können, welche Übungen Sie wann und in welcher Reihenfolge durchführen sollten. Die vorgeschlagenen Aktivitäten und ihr Verlauf sind nur Empfehlungen. Bleiben Sie flexibel gegenüber Wünschen und Abänderungsvorschlägen Ihrer Kinder. Bedenken Sie immer, daß Ihre Kinder Partner sind. Bei allem Tun gilt, daß Erkunden und Verstehen von Natur auch Freude bereiten soll.
Bedenken Sie:

- ▷ Ihre Kinder müssen gern mitmachen wollen – dann sind Aufmerksamkeit, Konzentration und Mitarbeit gesichert.
- ▷ Es kommt nicht darauf an, möglichst vielen Dingen ein Namensschild umzuhängen, sondern wichtig ist, im Umgang mit den Dingen ein Verständnis für sie zu finden und sich mit ihnen verbunden zu fühlen.
- ▷ Nehmen Sie sich Zeit zum Schauen und Erkunden mit möglichst vielen Sinnen.
- ▷ Beginnen Sie ein Gespräch erst, wenn sich alle durch eigenes Wahrnehmen mit dem Gegenstand vertraut gemacht haben.
- ▷ Versuchen Sie, alle Aktivitäten von Ihren Kindern weitgehend selbständig und selbsttätig durchführen zu lassen.
- ▷ Stellen Sie immer wieder die Verbindung zu Ähnlichem oder bereits Bekanntem her; gehen Sie dabei von den Erfahrungen Ihrer Kinder und nicht von Ihren eigenen aus.
- ▷ Stellen Sie möglichst offene Fragen: »Wie ist das wohl entstanden?« – »Warum geschah das?«
- ▷ Die eigenen Erfahrungen – nicht Sie – lehren!

Begegnung mit der unberührten Natur bedeutet Erlebnis aus erster Hand!

Ihre Aufgabe ist es, anregende und interessante Lernsituationen zu schaffen. Wenn es Ihnen gelingt, sich selbst und Ihre Familie wieder stärker in Einklang mit der Natur zu bringen, haben alle etwas davon: Sie, Ihre Familie, Ihre Mitmenschen und die Natur!

Umwelt entdecken – erleben – verstehen

Das Üben sinnlicher Wahrnehmungen ist für alle bedeutsam; je früher wir damit anfangen, desto nachhaltiger wird die Wirkung sein.

Kinder wollen genau wissen, wie etwas funktioniert und welchem Zweck es dient. Doch wann geben wir ihnen Zeit, mit allen ihren Sinnen Erfahrungen zu machen und so Kenntnisse und Erkenntnisse über die Dinge zu erwerben? Wann geben wir ihnen Zeit zum Verweilen, zum »besinnlichen« Schauen für das, was *sie* sehen, hören, ertasten, schmecken oder riechen möchten, weil *sie* davon beeindruckt sind?
Das Wahrnehmen durch Sehen, Hören, Riechen, Tasten und Schmecken gleicht in dieser Reihenfolge einer Skala, die vom Fernen zum Nahen führt:

- ▷ Das Auge erfaßt Objekte über Hunderte und Tausende von Metern in großer Zahl.
- ▷ Der Hörsinn überbrückt ebenfalls beträchtliche Weiten, doch eine Vielzahl von Wahrnehmungen kommt aus verhältnismäßig kurzer Entfernung.
- ▷ Der Geruchssinn erfaßt die Mehrzahl der Wahrnehmungen aus sehr kurzen, in Zentimetern und Metern zu messenden Distanzen.
- ▷ Der Tastsinn muß seinen Erfahrungsradius auf eine Armlänge reduzieren.
- ▷ Der Geschmackssinn bringt den Körper in engsten Kontakt mit dem Objekt.

Wichtig:
Die Übungen sollten Spaß machen! Versuchen Sie, Ihre Kinder dafür zu interessieren, aber drängen Sie sie nicht zu etwas, was sie nicht wollen.

Wahrnehmen und Empfinden lassen sich durch gezieltes Üben weiterentwickeln. Sie sind kein Selbstzweck. Es ist vorteilhaft, sich zuerst auf das Wahrnehmen über jeweils ein Sinnesorgan zu konzentrieren und sich dabei Zeit zu lassen.
Plätze und Objekte für solche Übungen sind überall zu finden. Alle Aktivitäten sollten Sie erst einmal selber ausprobieren, ehe Sie Ihre Kinder oder Freunde dazu anleiten; und nicht hintereinander weg, sondern immer wieder mal die eine, mal die andere. Vergessen Sie nicht: Lernen soll Freude machen!

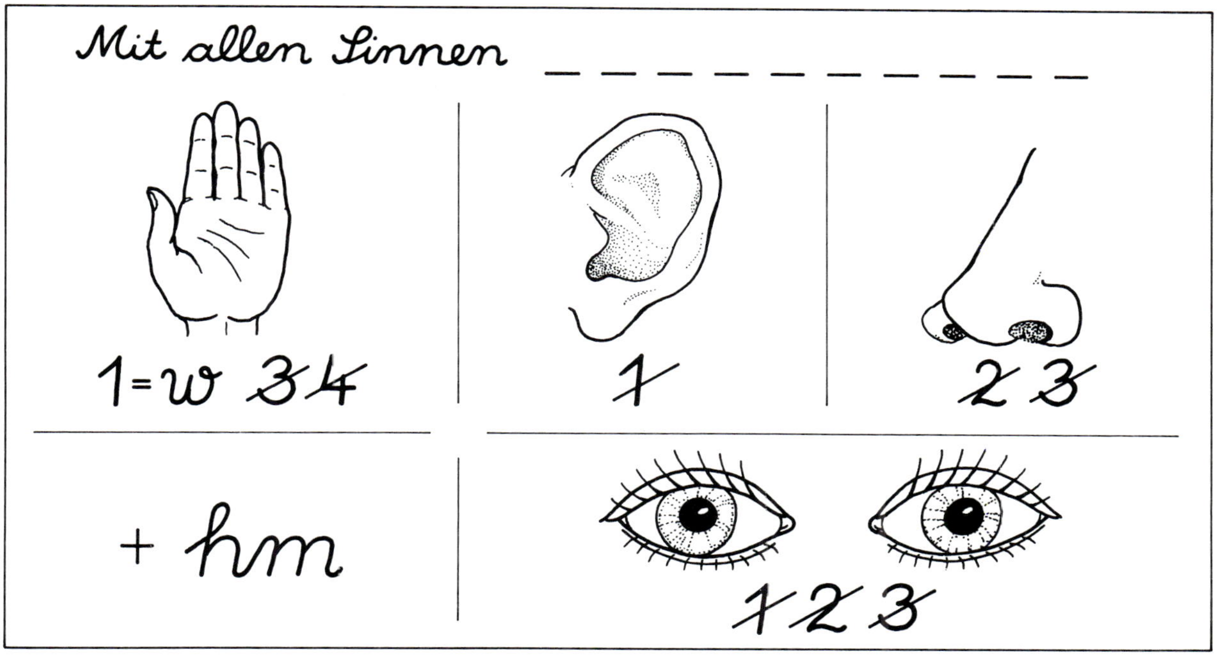

So fangen wir an

Absicht: Hinführung einer Gruppe zu Aufmerksamkeit, Konzentration und Ruhe; Trainieren des Gehörs auf besonders leise Geräusche; Schulung der Körperbeherrschung durch ganz leises Gehen und Stillstehen

Teilnehmer: beliebig, mindestens jedoch fünf Personen

Dauer: 10–20 Minuten

Ort: ein unebener Platz mit Blättern, Gräsern oder kleinen Ästchen, die das leise Gehen erschweren

Verlauf: Lassen Sie einen großen Kreis von mindestens 20 Metern Durchmesser bilden; bitten Sie einen Freiwilligen in die Mitte und erklären Sie die Regeln, bevor Sie ihm die Augen verbinden:

▷ Immer einer aus dem Kreis schleicht sich zur Mitte, auch auf allen vieren; er wird durch Handzeichen bestimmt.

▷ Der Teilnehmer in der Mitte gibt, wenn er den Anschleichenden hört, durch Handzeichen die Richtung an; deutet er in die richtige Richtung, muß der Anschleichende wieder in den Kreis zurücktreten und jemand anderen durch Handzeichen bestimmen.

▷ Erreicht der Anschleichende jedoch den Teilnehmer in der Mitte, erfolgt ein Wechsel.

Wichtig:
Geben Sie alle Anweisungen so leise wie möglich! Es bedarf dann im allgemeinen keiner Ermahnung, ruhig zu sein.

Auch Wasser ist nicht gleich Wasser – wie Ihre Kinder leicht herausfinden werden.

▷ Irrt sich der Teilnehmer in der Mitte dreimal, erfolgt ebenfalls ein Wechsel.
▷ Vor Beginn wird der Teilnehmer in der Mitte mehrmals um sich selber gedreht.

Wahrnehmen über die Augen

Der Mensch macht rund Dreiviertel seiner Wahrnehmungen mit den Augen. Durch Sehen werden Farbe, Form, Größe, Licht und Schatten sowie Bewegung erfaßt. Dabei entwickelt jeder einzelne seine persönlichen Sehmuster.
Teilnehmer: beliebig viele Personen
Dauer: jeweils etwa 5–10 Minuten

1. Form, Farbe und Aufbau erkennen

Verlauf: Sie wählen beliebige Objekte aus, beispielsweise Blätter, Gräser, Tiere, Steine, Flüssigkeiten, Böden, Gebäude, Fahrzeuge, Gesichter, und schauen sie genau an. Dabei lassen sich leicht Übereinstimmungen und Unterschiede entdecken, und man kann die Objekte nach Farbe, Form und Aufbau einzelnen Gruppen zuordnen. Betrachten Sie sie auch einmal von verschiedenen Standorten aus bzw. unter verschiedenen Blickwinkeln. Sie werden erstaunliche Feststellungen machen.

Mit einem Spiegel als »drittes Auge« läßt sich der Blickwinkel verändern. So können ganz überraschende und reizvolle Einblicke gewonnen werden.

2. Entfernungen schätzen

Metrische Angaben werden erst durch einen Vergleich anschaulich. So beeindruckt uns beispielsweise ein Supertanker von 400 Meter Länge aus großer Entfernung kaum. Erfassen wir diese Ausmaße jedoch aus der Nähe, so sind wir über die Größe des Schiffes in der Regel erstaunt.

Verlauf: Schätzen Sie von einem erhöhten Standort aus Entfernungen in der Größenordnung von 10, 100 und 1000 Metern, und kontrollieren Sie sie anschließend auf der topographischen Karte 1 : 25000.

3. Gesamtheit erfassen

Verlauf: Schauen Sie sich eine Sammlung von zehn bis zwölf Gegenständen fünf bis zehn Sekunden lang an. Verdecken Sie dann die Gegenstände, und versuchen Sie, sie zu benennen und zu beschreiben. Sie können aber auch nach dem Zudecken zwei oder drei Gegenstände wegnehmen oder hinzufügen und die Veränderungen feststellen lassen.

4. Bewegungen erkennen

Verlauf: Beschreiben Sie beobachtete Bewegungen, möglichst detailliert, um so bestimmte Bewegungsmuster erkennen und nachvollziehen zu können: beispielsweise Gehen auf unebenem Gelände – unrhythmisch; Gehen auf ebenem Gelände –

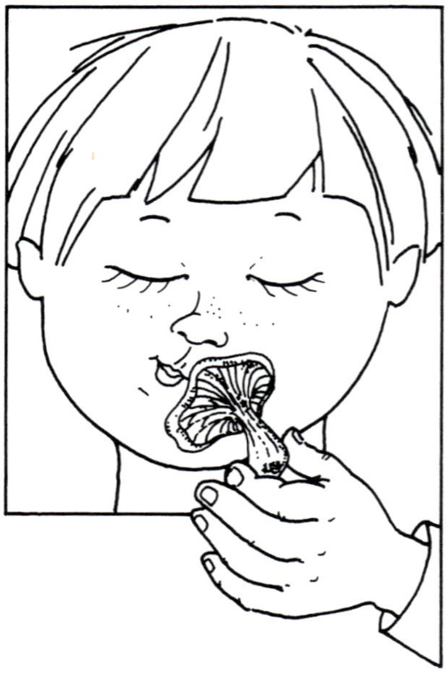

rhythmisch; Besteigen eines Hochsitzes, Bewegungen von Pflanzen und Tieren und anderes mehr.

Wahrnehmen über die Nase

Wissenschaftler behaupten, der Mensch könne einige tausend verschiedene Gerüche wahrnehmen. Der Geruchssinn ist jedoch bei vielen abgestumpft, u. a. durch die Auto- und Industrieabgase. Nur wenige Menschen können heute noch den anderen im Sinne des Wortes »riechen«. Es wird befürchtet, daß einzelne niedere Tiere durch Abgase aussterben, weil sie Gerüche von Raubtieren, Nahrung oder Geschlechtshormonen nicht mehr wahrnehmen. Möglich ist eine Kettenreaktion, die schließlich auch den Menschen erreicht.

Teilnehmer: beliebig viele Personen
Dauer: 5–10 Minuten

Unterschiedlich wahrnehmen

Verlauf: Nehmen Sie den Geruch von verschiedenen Dingen auf, und vergleichen Sie Ihre Empfindungen mit denjenigen Ihrer Mitspieler. Sie werden erstaunt sein, wie viele Unterschiede es gibt!

Bestimmung eines Gegenstandes durch den Geruchssinn

Verlauf: Sammeln Sie im Wald, auf der Wiese, am Fluß etc. Gegenstände, die unterschiedlich riechen.

▷ Legen Sie diese Gegenstände für die Teilnehmer gut erreichbar aus.
▷ Wählen Sie sich einen Partner, dem Sie die Augen verbinden, und führen Sie ihn in willkürlicher Reihenfolge zu den Gegenständen, die allein durch Riechen bestimmt werden sollen.
▷ Notieren Sie die Antworten.
▷ Wechseln Sie sich ab, und wiederholen Sie diese Übung.
▷ Besprechen Sie das Ergebnis.

Mehr Informationen sammeln durch vielfältige Sinneswahrnehmungen!

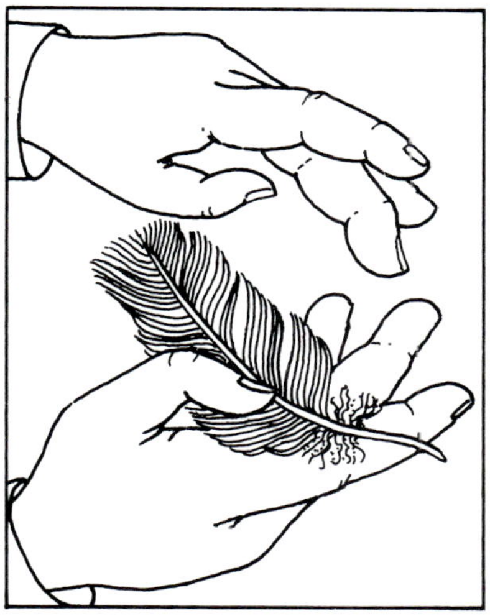

Wahrnehmen über den Tastsinn

Über den Tastsinn können wir nicht nur zahlreiche Informationen über Gestalt, Aufbau und Temperatur erhalten, sondern sogar miteinander »sprechen«. In den Waldorfschulen beispielsweise gehören Tastübungen zum Unterrichtsprogramm. Solche Übungen helfen, Finger und Hände empfindlicher zu machen, sie geschickter zu benutzen.
Wer sie zum ersten Mal durchführt, sollte sich dabei die Augen verbinden. Später können Sie einfach die Augen zukneifen. Diese Form der Selbstkontrolle gelingt dann, wenn Ihnen bewußt ist, daß Sie weder etwas gewinnen noch verlieren können, durch Mogeln sich aber selber um die Erfahrung, den Reiz der Überraschung und den Spaß bringen.

Erkennen von Unterschieden und Ähnlichkeiten
Teilnehmer: Gruppen von 6–12 Personen
Dauer: 15–20 Minuten
Verlauf: Für diese Übung brauchen Sie verschiedene Steine in unterschiedlicher Größe und Form. Sie können aber auch andere Materialien – wie Rinden, Blätter und Schalenfrüchte – nehmen. Alle Gegenstände sollten mit nur einer Hand zu umfassen sein. Zur leichteren Kontrolle bzw. Selbstkontrolle können sie numeriert werden. Für diese Materialien brauchen Sie ein Gefäß (Eimer) sowie für jeden Teilnehmer eine Augenbinde.
Alle Teilnehmer sitzen in einem Kreis, nahe genug nebeneinander, um sich die Hände geben zu können. Die Augenbinden bleiben vorerst versteckt. Der Eimer mit den Steinen wird herumgereicht. Jeder nimmt sich einen Stein heraus, betrachtet ihn genau und beschreibt ihn dann. Danach kommen die Steine in den Eimer. Die Teilnehmer verbinden sich die Augen. Dann geben Sie jedem Teilnehmer einen Stein, den er prüfen und weitergeben soll, wenn es seiner Meinung nach nicht der zuvor ausgesuchte ist.
Jeder Teilnehmer sollte seinen Stein wiedergefunden haben, bevor die Augenbinden abgenommen werden. Danach können sich die Teilnehmer äußern, wie sie ihren Stein geprüft haben und warum gerade auf diese Art und Weise, und darüber, welche Schwierigkeiten sie beim Wiedererkennen hatten.

Die Übung kann schwieriger gemacht werden, wenn einige Steine ausgegeben werden, die anfangs von keinem gewählt worden waren.

Wir nehmen uns viel zu wenig Zeit, in uns hinein und um uns herum zu horchen. Fünf bis zehn Minuten ohne Kontakt mit anderen gibt Zeit und Gelegenheit, sich mit allen Sinnen einem Platz in der Natur zuzuwenden.

Wahrnehmen über zwei Sinne

1. Erkennen durch Tasten und Riechen

Verlauf: Mehrere Gegenstände sollen mit verbundenen Augen zuerst nur durch Riechen, dann durch Riechen und Tasten benannt werden und die Entscheidungen in der Tabelle festgehalten werden. Der Vergleich wird zeigen, daß die Bestimmung leichter ist, wenn mit zwei Sinnen gleichzeitig wahrgenommen wird.

Verwendete Gegenstände (Auswahl)	Bestimmen durch Riechen		Bestimmen durch Riechen und Fühlen	
	best.	nicht best.	best.	nicht best.
trockener Ackerboden				
Boden aus Feuchtgebieten				
Sand				
nasse Laubblätter				
frisches Gras				
Baumnadeln				
frisch angeschnittenes Holz				
Rinden				
verrottendes Holz				

Achtung: Diese Übung darf nicht an einem Platz stattfinden, an dem man sich leicht verletzen könnte!

2. Erkennen durch Tasten und Riechen in der Natur

Teilnehmer: beliebig, jedoch in Paare teilbar
Dauer: 10–15 Minuten
Ort: Waldstücke ohne Unterholz
Material: pro Paar sechs bis acht Meter Schnur und eine Augenbinde

Verlauf: Binden Sie das eine Ende der Schnur um die Taille Ihres Partners, das andere um einen Baum. Soweit es die Schnur erlaubt, soll er mit verbundenen Augen so viele Dinge wie möglich durch Tasten und Riechen bestimmen. Er darf dabei keinerlei Hilfe bekommen. Sie selber notieren, was Ihr Partner richtig bzw. falsch benannt hat. Nach der vereinbarten Zeit wird die Augenbinde abgenommen. Man bespricht das Ergebnis an Ort und Stelle und sucht die Gründe für eventuelle Fehlbestimmungen. Danach tauschen Sie die Rollen und suchen einen anderen Platz auf.
Variante: 50 – 100 m Seil oder Schnüre in Hüfthöhe von Baum zu Baum spannen. Die Teilnehmer tasten sich einzeln, allein und mit verbundenen Augen am Seil entlang.

Wahrnehmen über den Hörsinn

Die Umwelt ist unendlich vielstimmig. Geräusche ändern sich mit Ort und Zeit nach Lautstärke, Rhythmus, Tonart und Tonhöhe. Aus einer Reihe möglicher Übungen werden nachfolgend vier kurz beschrieben, die Sie mit beliebig vielen Personen an beliebigen Orten durchführen können; Dauer jeweils 5–15 Minuten.

1. Geräusche hören

Verlauf: Suchen Sie einen Platz, an dem Sie verschiedene Geräusche hören können. Schließen Sie für ein bis zwei Minuten

Unten: Eine Geräusche-Jagd mit einem Cassetten-Recorder macht nicht nur viel Spaß, sie schärft auch das Wahrnehmungsvermögen.

Unten rechts: Ein ungewöhnlicher Spaziergang: Auf allen vieren mit geschlossenen Augen die Umwelt entdecken. Durch das Ertasten kann über den Seh- und Hörsinn Wahrgenommenes körperhaft werden.

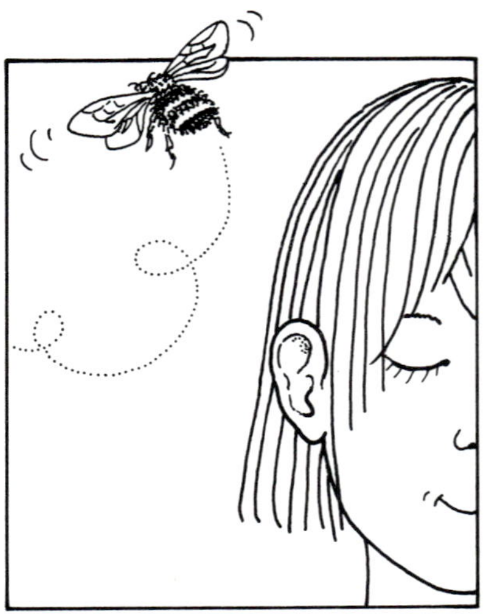

die Augen, und konzentrieren Sie sich nur auf das Hörbare. Sie werden Unterschiede und Ähnlichkeiten sowie Wechselwirkungen und Abhängigkeiten zwischen Geräusch und Ursache feststellen. Erzählen Sie den anderen von Ihren Wahrnehmungen.
An einem Hörplatz sollten Sie versuchen, Geräusche auch auf Tonband aufzunehmen, und die Bandaufnahme mit Ihrer Erinnerung vergleichen.

2. Besonders leise Geräusche hören
Verlauf: Versuchen Sie einmal, an einem abgelegenen Platz ganz leise Geräusche wahrzunehmen und eventuell zu bestimmen. Sie müssen sich völlig ruhig verhalten und die Augen schließen. Wenn Sie unterschiedliche Geräusche wahrgenommen haben, geben Sie das durch Handzeichen den anderen zu erkennen. Wenn jeder etwas wahrgenommen hat, sollten Sie leise Ihre Erfahrungen austauschen. Vielleicht stellen Sie dabei fest, daß Sie ohne diese Übung dieses oder jenes Geräusch nicht gehört hätten.

3. Geräusche einfangen
Verlauf: Diese Übung schließt an die erste an. Gehen Sie einzeln oder zu zweit mit einem Kassettenrecorder auf Geräuschejagd. Dabei gilt es, möglichst unterschiedliche Geräusche aufzunehmen, beispielsweise ein unheimliches, ein komisches, ein für gewöhnlich in der Natur vorkommendes sowie ein vom Menschen oder der Technik (Maschine) verursachtes.

Achtung: Von der eigenen Gruppe verursachte Geräusche dürfen nicht aufgenommen werden!

4. Geräusche imitieren
Verlauf: Nehmen Sie verschiedene Geräusche auf. Imitieren Sie diese Geräusche, und nehmen Sie diese Imitationen ebenfalls auf. Je genauer die Beobachtung der Originalgeräusche, desto gelungener werden die Imitationen sein.

Einen Baum kennenlernen

Einen Baum sehen, seinen Namen kennen – das ist eine Sache. Seine Blätter oder Nadeln schmecken, seine Rinde fühlen, sein Harz riechen, sich an ihn lehnen oder ihn ganz einfach umarmen – das ist etwas ganz anderes; es gibt Gelegenheit zum Entdecken und Erfahren bisher unbekannter Elemente der Umwelt, gibt die

Vor Beginn der Übung sollten Sie sich eine Lageskizze der ausgewählten Bäume anfertigen und notieren, wen Sie zu welchem Baum schicken wollen.

Chance, mit ihnen vertraut zu werden. Vertrautsein mit etwas kann Einstellungen verändern und Einfluß nehmen auf das eigene Verhalten.

Absicht: Sich mit einem für uns alle lebensnotwendigen Gegenstand vertraut machen; der Baum steht dabei stellvertretend für zahlreiche andere Objekte und Phänomene unserer Umwelt.

Dauer: 20–30 Minuten

Teilnehmer: drei bis acht Personen, ein Gruppenleiter

Material: eine Augenbinde je Teilnehmer, mehrere Bäume gleicher Art und ähnlicher Stärke, Kreide; es empfiehlt sich, die für die Übung ausgewählten Bäume zu markieren.

Verlauf: Erklären Sie den Teilnehmern, daß sie an einem ausgewählten Platz lernen sollen, über ihre Sinne Informationen zu sammeln, um diesen Baum von anderen ähnlichen unterscheiden und ihn wiederfinden zu können. Verbinden Sie allen Teilnehmern der Gruppe die Augen, und führen Sie jeden einzelnen auf Umwegen zu dem ausgewählten Baum. Er soll nun »seinen« Baum erforschen. Die Art und Weise des Vorgehens wird nicht näher bestimmt. Die Teilnehmer können den Baum mit den Armen umspannen, das Muster der Rinde mit den Fingerspitzen abtasten, daran riechen, mit dem Ohr am Stamm horchen, ob irgend etwas auf oder in ihm »lebt«. Sie können sich bücken, um die Stelle zu untersuchen, wo der Stamm aus der Erde kommt. Für diese Arbeit muß man sich genügend Zeit lassen.

Hat jeder seinen Baum ausreichend untersucht, führen Sie die Teilnehmer wieder an den Ausgangspunkt zurück. Danach werden die Augenbinden abgenommen. Nun erhalten die Teilnehmer den Auftrag, unter den markierten Bäumen ihren »eigenen« wiederzufinden.

Auswertung: Die Teilnehmer setzen sich in einem Kreis zusammen und erzählen von ihren Eindrücken. Was beeindruckte euch am meisten? Woran dachtet ihr, als ihr euch in einen Baum versetzt fühltet? Was wäre, wenn jemand seinen Namen in die Rinde eures Baumes schneiden, Äste absägen oder den Baum sogar fällen würde? Wie kann man bei anderen den Wunsch wecken, in der Natur Beobachtungen zu machen? Das Gespräch danach ist wesentlich.

Fortführende Aktivitäten, an denen Kinder mit Sicherheit viel Spaß haben: einen Baum malen; eine Geschichte ausdenken (»Was würde ich den Menschen sagen, wenn ich ein Baum wäre?«); eine Spielsituation erfinden, in der der »eigene« Baum gefällt werden soll, weil eine Straße an dieser Stelle geplant ist (Rollen: Bürgermeister, Bauplaner, Umweltschützer, Autofahrer).

»Was Hänschen kann, braucht Hans nicht mehr zu lernen.« Dieser zweijährige Knirps macht nach, was ihm seine Eltern vormachten. Heute, vier Jahre später, entdeckt er in der Natur kleine Besonderheiten, an denen andere achtlos vorübergehen.

»Du bist zeitlebens für das verantwortlich, was du dir vertraut gemacht hast.«
Antoine de Saint-Exupéry

Zu einer Lösung der Umweltprobleme bedarf es eines veränderten Verhaltens der Menschen; umweltbewußtes Verhalten muß vielfach erst wieder gelernt werden. Viele Interaktionsspiele schaffen Lernsituationen, in denen komplexe Abläufe auf einige wesentliche Prozesse reduziert werden. Die Teilnehmer an solchen Spielen können sich sowohl geistig als auch emotional auf diese Prozesse konzentrieren und sich in erfahrungsbezogenem Lernen innerhalb einer Gruppe damit auseinandersetzen. Die Bedeutung der Spiele liegt vor allem im

▷ Empfindlichmachen der Sinne,
▷ Verstehen von Beobachtetem,
▷ Erkennen von Problemen als Grundlage für entsprechende Handlungsfähigkeiten,
▷ Aktivieren des natürlichen Handlungsbedürfnisses,
▷ Fördern gruppendynamischer Prozesse,
▷ Entwickeln von Einstellungen und Wertvorstellungen,
▷ Spaß am Spiel.

Aus der Fülle möglicher Interaktionsspiele sind für dieses Buch nur einige wenige ausgewählt worden. Sie können von fast allen Altersgruppen gespielt werden. Mehr als 100 weitere, ausführlich beschriebene Spiele finden sich bei K. W. Vopel, *Interaktionsspiele* (Isko Press) sowie in *Die neuen Spiele* (Ahorn Verlag).

Vertrauensschlange

Absicht: Über eine »Vertrauensschlange« kann ein ganz normaler körperlicher Kontakt hergestellt werden, der sonst in dieser Form nicht üblich ist. Diese Übung eignet sich gut als Einstieg in partnerschaftliche Wahrnehmungsaktivitäten. Sie hilft,

▷ Vertrauen zueinander zu gewinnen,
▷ Wahrnehmen über mehrere Sinne zu trainieren,
▷ sich in das Reaktionsvermögen anderer einzufühlen.

Teilnehmer: 5–8 Personen je Vertrauensschlange
Dauer: ca. 10 Minuten
Ort: Waldstück, unebenes Gelände mit wechselndem Untergrund
Material: Augenbinden
Verlauf: Mit Ausnahme des »Kopfes« jeder Schlange werden allen anderen die Augen verbunden. Sie stellen sich hintereinander auf und legen beide Hände auf die Schultern oder um die Hüfte des Vordermannes. Aufgabe des »Kopfes« ist es, seine »Schlange« langsam und sicher über eine von ihm ausgewählte Wegstrecke zu führen. Dabei soll er den Weg beschreiben, so daß die anderen nicht unverhofft an Hindernisse stoßen, erschreckt werden oder sich verletzen.

Soll die Vertrauensschlange nicht abreißen, muß der »Kopf« sehr langsam gehen; Unerfahrene gehen häufig zu schnell!

Vertrauenskreis

Absicht: Erfahren, daß Vertrauen zu anderen und Zutrauen zu sich selber wichtig sind
Teilnehmer: 8–10 Personen
Dauer: 2–3 Minuten je Versuchsperson
Material: eine Augenbinde je Gruppe
Verlauf: Lassen Sie die Teilnehmer einen sehr engen Kreis – Schulter an Schulter – um die »Versuchsperson« bilden, die die Augen verbunden hat, die Füße geschlossen hält, die Arme vor dem Körper kreuzt und sich ganz entspannt. Ein Teilnehmer stößt die Versuchsperson leicht an. Wenn sie ganz entspannt ist, wird sie gegen den Kreisrand fallen. Sie wird dort aufgefangen und leicht und langsam in eine andere Richtung gestoßen. Lassen Sie zum Schluß die Versuchsperson langsam und vorsichtig zu Boden gleiten und legen Sie alle die Hand auf sie, um ihr so ein Gefühl zu geben, mit der Gruppe eins zu sein.
Sie können die Versuchsperson auch über Ihre Köpfe emporheben, einmal mit offenen, einmal mit geschlossenen Augen. So gewinnt man sehr unterschiedliche Eindrücke.

Vertrauensgang

Absicht: Der sogenannte Vertrauensgang dient dazu,
▷ Vertrauen zu einem Partner und zu sich selbst zu gewinnen,
▷ helfen zu können und sich helfen zu lassen,
▷ sich bewußt zu machen, welche Bedeutung die Augen für uns haben.

Teilnehmer: beliebig viele Personen
Dauer: zweimal ca. 15 Minuten
Material: eine Augenbinde je Paar
Verlauf: Bei dieser Übung führt je ein Teilnehmer einen anderen mit verbundenen Augen auf einen Vertrauensgang. Die ausgewählte Strecke – etwa 100 bis 200 Meter – kann über Sand, Steine, Gras, Baumwurzeln, Stufen, Asphalt, an oder in ein Gebäude führen, leicht ansteigen oder abfallen sowie eine dritte Person berühren. Der Gang sollte viele unterschiedliche Erfahrungen durch Tasten, Hören und Riechen vermitteln.

Zwingen Sie Ihren Partner nicht, etwas zu tun, was er nicht möchte! Vertrauen kann man nicht mit Angst erzeugen.

Der Führende muß seinen Partner an allen Hindernissen vorbeilotsen und ihn vor allem schützen, was gefährlich, erschreckend oder unangenehm für ihn sein könnte. Er »sagt« ihm mit der Hand, welche Richtung er einschlagen soll. Die Paare

können nebeneinander gehen und die Finger ihrer Hände so halten, als ob sie fingerhakeln wollten, ohne sich dabei jedoch festzuhalten. Führen Sie den Partner auch an Gegenstände, die er mit beiden Händen erkunden kann. Lassen Sie ihm Zeit.
Wenn Sie langsam anfangen, wird Ihr Partner sich an die Situation gewöhnen und Ihnen vertrauen. Später können Sie schneller gehen, vielleicht auch ein Stück laufen, wenn Sie es beide wollen.

Wer sich mit der Umwelt beschäftigt, muß sie wahrnehmen können! Wahrnehmungen hängen aber auch von den bereits bestehenden persönlichen Wahrnehmungsmustern ab.

Auswertung: Nach dem Vertrauensgang sollten Sie von Ihren Wahrnehmungen und Eindrücken berichten. Beispiele: Wie war der Weg? Wie wurde wahrgenommen? Wie fühlte sich der Geführte, der Führende? Hatten Sie immer Vertrauen zum Führenden? Warum oder warum nicht? Wie kann man dem anderen am besten helfen? Wie würde sich das Leben verändern, wenn wir nicht sehen könnten? Wer möchte einen solchen Gang noch einmal machen?
Variante: Die ausgewählte Strecke wird mit einer dicken Schnur so markiert, daß jeder allein daran entlanggehen kann; die Strecke darf keine Gefahrenpunkte enthalten!

»Der/Die in der Mitte«

Absicht: Hemmungen abbauen
Teilnehmer: 5–10 Personen
Dauer: jeweils 2–3 Minuten

Lassen Sie jede/n erzählen, wie er/sie sich nach dieser Übung fühlt!

Verlauf: Lassen Sie alle Teilnehmer einen Kreis bilden, und bitten Sie einen Freiwilligen, in die Mitte zu kommen. Ihm erzählen Sie, daß er über alle anderen für zwei bis drei Minuten eine magische Kraft gewinnt. Solange er oder sie in der Mitte ist, wird jeder im Kreis alle seine Bewegungen, Worte und Töne nachahmen. »Der/Die in der Mitte« kann springen, Grimassen ziehen, tanzen, sich hinlegen, lachen, kichern, einen anderen umarmen oder sich den Kopf kratzen und ratlos dastehen – alle ahmen ihn nach, auch wenn es noch so albern sein sollte. Sie werden sich bald freier, weniger gehemmt fühlen – eine gute Grundlage für einen offenen Umgang miteinander und für die Zusammenarbeit in der Gruppe.

»Oktopus«

Absicht: Abhängigkeiten bei intensiver Zusammenarbeit kennenlernen
Teilnehmer: beliebig viele Personen
Dauer: ca. 20 Minuten
Verlauf: Die Gruppe »spielt« ein Tier. Dabei gilt es
▷ Geräusche und Bewegungen des Tieres nachzuahmen, auch Phantasiegeräusche,
▷ sich zu einigen, ohne zu sprechen.

»Werdet jetzt vier Minuten lang ein Tintenfisch. Ihr wißt, daß dieses Tier viele lange und sehr bewegliche Arme hat, große Augen und ein großes Maul, das Wolken einer tintenähnlichen Flüssigkeit ausstoßen kann.«

Auswertung: Die Gruppe setzt sich zusammen und schließt für eine Minute die Augen. Wie fühlt ihr euch? Wie habt ihr zusammengespielt? Was fiel euch leicht, schwer? Wie war der Tintenfisch, den ihr gespielt habt? Was fiel euch auf? Was hat Spaß gemacht? Was hat die Zusammenarbeit erschwert, erleichtert? Danach spricht die Gruppe über ihre Erfahrungen.

Wenn die Gruppe will, kann sie noch ein anderes Tier ihrer Wahl spielen. Sie sollte dabei versuchen, sich noch stärker in das Tier hineinzuversetzen.

Gemeinsam schaffen wir's

Absicht: Vertrauen in die gemeinsame Leistung und Zutrauen in das Handeln anderer gewinnen

Teilnehmer: mindestens 20 Personen

Dauer: wenige Minuten

Verlauf: Ein Teilnehmer wird vorsichtig über die Köpfe der eng zusammenstehenden Gruppe gehoben und langsam weitergereicht. Teilnehmer, die zum Halten nicht mehr gebraucht werden, gehen an den Kopf der Schlange, zu dem der Hochgehobene vorsichtig weitergereicht wird.

Unten: Nur gemeinsam schaffen wir's! Jeder ist gefordert, seinen Beitrag zum Lösen des Problems zu leisten. Und Spaß macht's außerdem, den Reifen aufzufädeln.

Unten rechts: Zu dieser Art Fortbewegung brauchen Sie nicht nur zwei Schnüre und ein Brett, sondern auch viel Sinn für gemeinsames Handeln, wenn jeder nur mit einem Fuß auf die Erde treten darf...

Bedenken Sie: Mit zunehmender Fertigkeit machen Experimente auch mehr Spaß!

Entdecken, Erleben und Verstehen von Umwelt ist durch eine Unzahl von Aktivitäten möglich. Die folgenden Beispiele wollen Ihnen zeigen, daß Umweltfragen umfassend sind und weit über die herkömmlichen Schulfächer hinausgreifen, sowie Möglichkeiten zur eigenständigen Orientierung und zum Handeln an Ort und Stelle vor Augen führen, um Ihnen so ein besseres Verständnis von Umwelt zu ermöglichen.
Die beschriebenen Aktivitäten fordern immer wieder zum Vergleich Ihrer Beobachtungen auf. Dabei geht es nicht um ein Bewerten, wichtig ist vielmehr die Einsicht, daß Informationen auf verschiedene Weise gesammelt und geordnet werden können.
Achten Sie bitte darauf, daß die Anleitungen zur Durchführung der Aktivitäten sorgfältig gelesen werden. Wiederholen Sie Versuche, um das zuerst ermittelte Ergebnis überprüfen zu können.

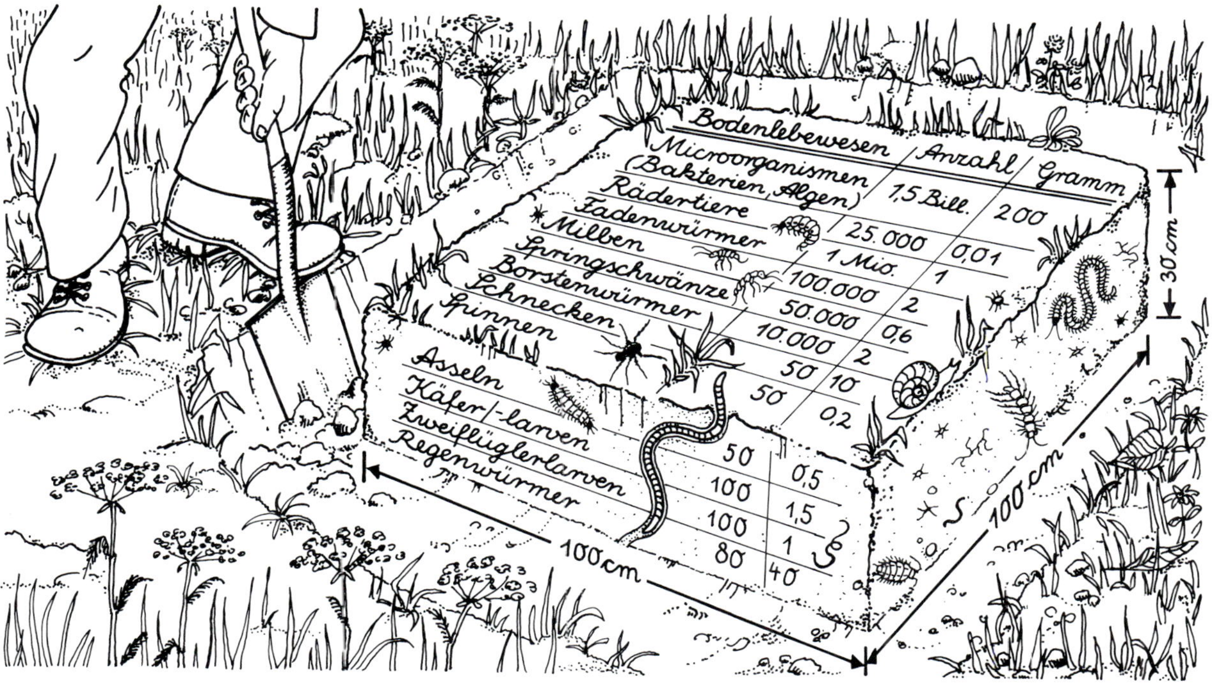

Boden – ein unersetzbarer Rohstoff

Der Boden, den wir in Hülle und Fülle haben, soll ein unersetzlicher Rohstoff sein? Sie können zweifeln – und doch ist es so! Denn das Leben auf dem Planeten Erde hängt u. a. von einer dünnen Verwitterungsschicht der Erdkruste ab, die im Zusammenwirken von Klima, Ausgangsgestein, Wasser, Tieren und Pflanzen entsteht. Das Leben ist besonders an den oft nur wenige Dezimeter messenden humusreichen Mutterboden gebunden.
Laut Boden-Charta des Europarates (1972) zählt der Boden zu den wertvollsten, nur begrenzt vorhandenen Gütern der Erde. Im Bundesbaugesetz vom 23. Juni 1960 heißt es: »Mutterboden, der bei der Errichtung und Änderung baulicher Anlagen sowie bei wesentlichen anderen Veränderungen der Erdoberfläche ausgehoben wird, ist in nutzbarem Zustand zu erhalten oder vor Vernichtung und Vergeudung zu schützen.«
Verwitterung, Streuzersetzung und Humusbildung gelten als entscheidende und sehr langsam ablaufende bodenbildende Prozesse. Demgegenüber vollziehen sich bodenzerstörende Vorgänge wie beispielsweise Erosion (Bodenabtrag) als Folge menschlicher Eingriffe (Entwaldung) oft in unerwartet kurzen

Zeiträumen. Dadurch gehen auch heute noch Jahr für Jahr viele Tausende von Hektaren fruchtbaren Bodens verloren.

Mutterboden schützen, nicht vernichten!

Die vom Menschen für Siedlungen, Fabriken, Verkehrswege und andere Einrichtungen überbauten Flächen werden immer größer. Monokulturen in der Land- und Forstwirtschaft beeinflussen den Boden ebenfalls, da sie ihm einseitig Nährstoffe entziehen. Durch übermäßige Nutzung und durch Schadstoffe sind die Aufgaben des Bodens als Standort für Tiere und Pflanzen, als Wasserspeicher, Schadstoffilter und Klimaregulator beeinträchtigt.
Der für das Leben auf der Erde wichtige Humus wird nicht zuletzt durch intensive Tätigkeit von Bodentieren gebildet, die Laub, Nadeln, Rinden und sonstige Pflanzenteile zerlegen. In einem »Fingerhut« voll Mutterboden befinden sich mehr Mikro-Lebewesen als Menschen auf der Erde. Ohne diese »Zersetzer« würde der Wald an seinem eigenen »Abfall« ersticken. Unter dem Gesichtspunkt höherer Ernten wurden und werden Felder und Wiesen mit einer Vielzahl von Chemikalien »behandelt«. Diese Verfahrensweise zieht Artenschwund, erhöhte Widerstandsfähigkeit gegen Bekämpfungsmittel und Bodenschäden als unbeabsichtigte Folgen nach sich. Die sich selbst regulierende Freßgemeinschaft von Milliarden von Lebewesen wird gestört.

Boden mit allen Sinnen erleben

Die folgenden Übungen haben alle dieselbe Absicht: Durch unmittelbaren Kontakt mit dem Boden sollen Sie erfahren, wie wichtig der Schutz des Bodens für uns ist.

Erste Übung

Verlauf: Gehen Sie mit Ihren Kindern auf eine Waldlichtung oder auf eine abgemähte Wiese. Alle legen sich im Kreis auf den Boden, in Bauchlage und mit den Füßen nach außen. Horchen Sie in den Boden hinein, wie er Sie berührt und was Sie von ihm spüren. Finden Sie selbst Fragen und Antworten an den Boden. Was würde er erzählen, wenn er reden könnte? Wie sieht der Boden an dieser Stelle aus? Welche Farbe hat er? Kann man bestimmte Bestandteile unterscheiden? Wie fühlt er sich an, wenn man ihn zwischen den Fingerspitzen zerreibt? Welche Geräusche kann man beim Kneten von Bodenteilen wahrnehmen? Vielleicht hat er einen ganz bestimmten Geruch, wenn man ihn beispielsweise anhaucht? Warum ist er an dieser Stelle bewachsen, an einer anderen nicht?

Lassen Sie sich Zeit; geben Sie den Kindern die Chance zu entdecken, daß Boden viel erzählen kann, wenn man ihn »erzählen« läßt.

Sich einfach auf den Boden legen. Nach einer Weile wird's wirklich warm von unten. Sie werden staunen, was Sie mit Ihren Kindern sogar auf einer gemähten Wiese aus diesem Blickwinkel alles entdecken können!

Was würde geschehen, wenn eines Tages der Mutterboden verschwunden wäre? Kann das überhaupt passieren?
Regen Sie an, über solche und andere Fragen nachzudenken und auch zu »spekulieren«. Es genügen zwei oder drei Vorschläge, denn erfahrungsgemäß machen Kinder zahlreiche Beobachtungen und fragen von selber. Es macht nichts, wenn dabei die eine oder andere Frage offenbleibt.
Erzählen Sie Ihren Kindern auch von der Verantwortung des Menschen für den Boden und von den sicher nicht ausreichenden staatlichen Empfehlungen im Bundesbaugesetz.
Vielleicht bekommen Sie und Ihre Kinder im Verlauf solcher Übungen allmählich einen Blick für die Umweltsünden von Mitbürgern, die beispielsweise Boden mit Schutt zudecken und so unbrauchbar machen.

Boden entsteht nur sehr langsam. Boden ist wertvoll!

Zweite Übung

Verlauf: Führen Sie im Verlauf eines Spazierganges Ihre Kinder zu Standorten mit unterschiedlichen Bodenarten bzw. Bodentypen: Sandboden, Lehmboden, Rohhumus (Waldboden), Parabraunerde (Ackerboden). Lassen Sie durch Tasten, Formen, Reiben zwischen den Fingern (Fingerprobe) und Betrachten Unterschiede und Ähnlichkeiten feststellen. Ihre Beobachtungen können Sie in Ihrem Umwelt-Tagebuch notieren (s. Seite 95).
Von jedem Standort können Bodenproben in Plastiktüten mitgenommen und für weitere Versuche benutzt werden.

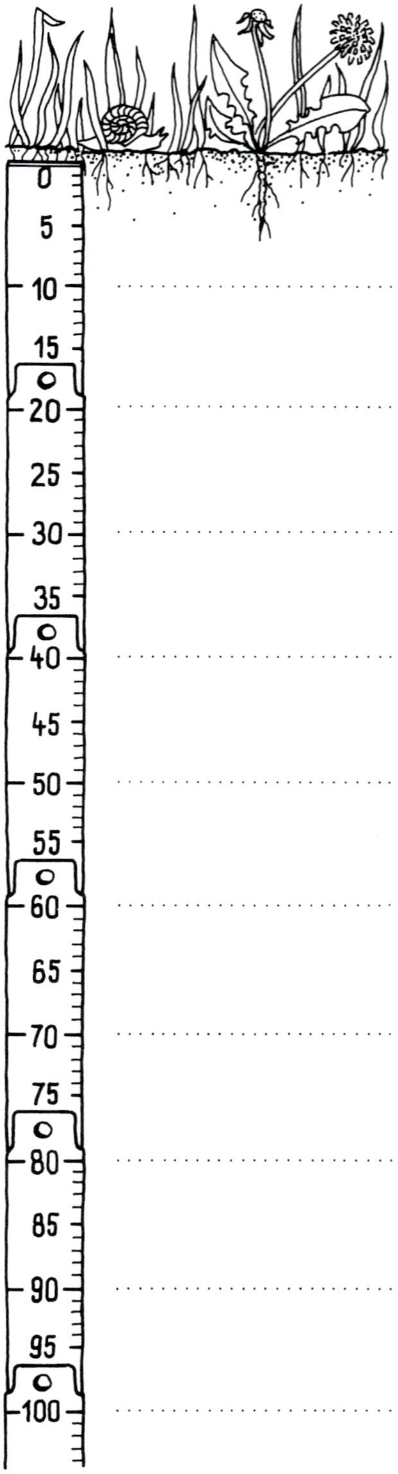

Boden / Aktivität:	Sand	Lehm	Ackerboden	Waldboden
tasten				
riechen				
formen				
betrachten:				
Farbe				
Bewuchs				
Bestandteile				

Dritte Übung
Ort: Sandgrube, Steinbruch
Material: Zollstock, Notizblock, Stifte, Stäbchen, Lupe, Pinzette und ein Profilschema
Verlauf: Markieren Sie die im Bodenprofil erkennbaren Schichten mit Hilfe von Stäbchen. Messen Sie anschließend die Stärke jeder Schicht, und zeichnen Sie sie in nebenstehende Säule ein. Schreiben Sie auf, woraus jede Schicht in der Hauptsache besteht. Notieren Sie außerdem Bodenfarbe, Geruch, Beschaffenheit (Fingerprobe). Suchen Sie nach Tier- und Pflanzenresten.

Fünf einfache Versuche zur Bodenbestimmung

Der natürliche Kalkgehalt beeinflußt den Säuregrad des Bodens, der durch den pH-Wert bestimmt wird. Wie die Menschen unterschiedliche Speisen bevorzugen, so mögen auch die Pflanzen unterschiedlich »schmeckende« Böden: Manche wachsen besser auf saurem, andere besser auf basischem Boden, wieder andere bevorzugen einen neutralen Boden.
Pflanzen – Blumen, Gemüse, Gräser, Bäume und Sträucher – entnehmen ihre Nähr- und Aufbaustoffe dem Boden. Für ihr Wachstum brauchen sie vor allem Stickstoff, Phosphorsäure, Kali, Bodenluft und Bodenwasser.

pH-Wert:
Maßzahl für die in Lösungen enthaltene Konzentration an Wasserstoffionen, d. h. für den Säuregrad einer Lösung

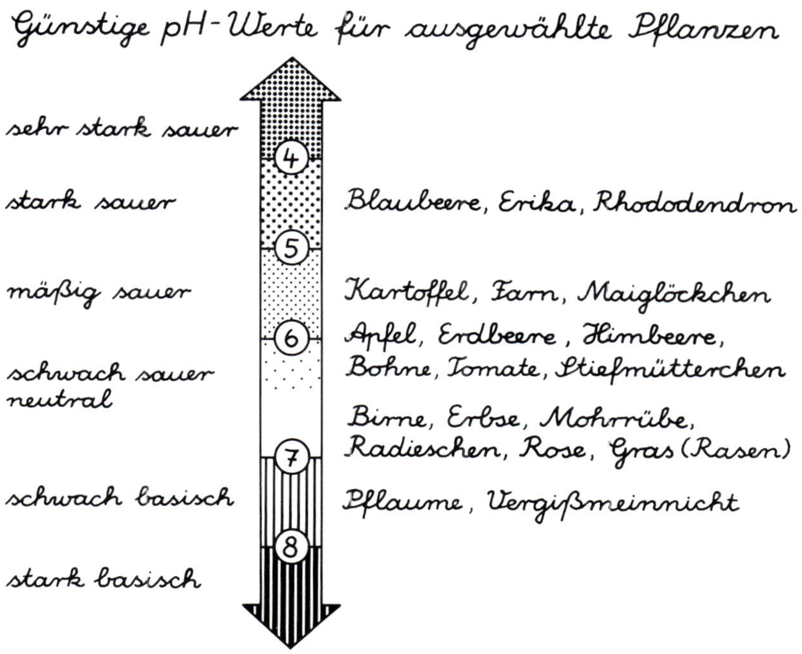

Die Zusammensetzung des Bodens kann durch Zugabe von Kunstdünger verändert werden. Gärtner und Landwirte können aber durch eine bodengemäße Auswahl ihrer Anbaupflanzen und durch den Einsatz von organischem Dünger den Kunstdüngerbedarf stark einschränken. Diese – biologische – Landbauweise findet gegenwärtig zunehmend Anhänger.
Um die günstigsten Wachstumsbedingungen für eine Pflanze zu ermitteln, muß die vorgesehene Fläche an verschiedenen Stellen auf den Gehalt an Hauptnährstoffen (Stickstoff N, Phosphorsäure P und Kali K) und den Säuregrad untersucht werden. Zum Bestimmen eines vorteilhaften Standortes für eine »Lieblingspflanze« genügt es uns, wenn wir uns auf die pH-Wert-Bestimmung beschränken.
Die Absicht aller fünf Versuche ist es, Ihnen einfache Verfahren zu zeigen, mit denen Bodenluft und Bodenwasser nachgewiesen sowie der Säuregrad des Bodens ermittelt werden kann. Außerdem können Sie selber ausprobieren, wie durch Düngung bzw. durch die Auswahl geeigneter Anbaupflanzen möglichst günstige Wachstumsbedingungen geschaffen werden.

Erster Versuch

Boden enthält Sauerstoff

Teilnehmer: beliebig viele Paare

Material: Erde, durchsichtige Plastikbecher oder Marmeladengläser, Löffel, mit Wasser gefüllte Schüssel

Verlauf: Füllen Sie einen Plastikbecher oder ein Glas mit trockener Erde, und stellen Sie das Gefäß in die Schüssel. Das Wasser muß das Gefäß bedecken. Aufsteigende Blasen sind der Beweis für das Vorhandensein von Luft und damit auch Sauerstoff.

Zweiter Versuch

Böden haben unterschiedliche Wasserdurchlässigkeit

Teilnehmer: beliebig viele Paare

Material: mehrere gleich große, oben und unten offene Konservendosen mit einer Markierung bei einem Viertel der Höhe, Wasser (maximal Dreiviertel des Doseninhalts), Uhr mit Sekundenzeiger, Hammer

Überlegen Sie gemeinsam, welche Bedeutung die unterschiedliche wasserspeichernde Fähigkeit der Böden für Pflanzen und Menschen hat.

Verlauf: Schlagen Sie an Standorten mit unterschiedlichen Böden eine Konservendose bis zur Markierung in den Boden, und füllen Sie die Dose jeweils mit einer gleichgroßen Menge Wasser. Messen Sie, wie lange das Wasser braucht, bis es versickert ist.

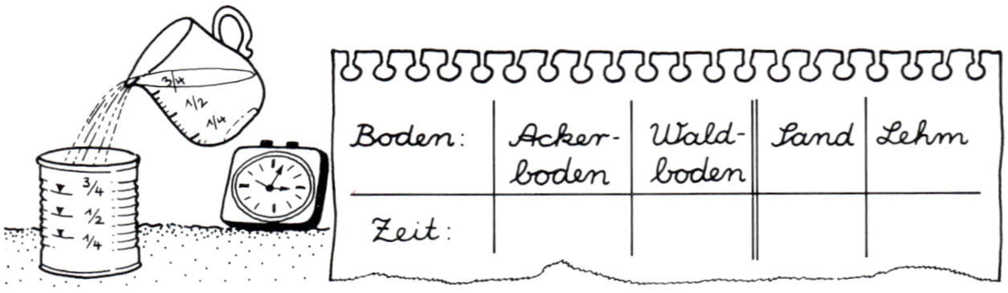

Dritter Versuch

Säuregrad und Wachstum: Wo soll die Pflanze wachsen?

Material: Merck Universal-Indikatorstäbchen, 1 Glas je Bodenprobe

Verlauf: Stellen Sie zunächst anhand der Tabelle auf Seite 39 fest, welchen pH-Wert Ihre Lieblingspflanze bevorzugt. Entnehmen Sie dann eine Bodenprobe aus ca. 5 Zentimeter Tiefe. Die Fläche darf nicht frisch gedüngt sein. Trocknen Sie die Bodenprobe in der Sonne oder über der Raumheizung. Schütten Sie die getrocknete Probe (10 Gramm) in ein sauberes Glas, gießen Sie 30 ml abgekochtes Wasser hinzu, und schütteln Sie das Ganze kräftig.

Stellen Sie das Glas ab und warten Sie, bis sich die festen Bestandteile absetzen (ca. 15 Minuten). Anschließend tauchen Sie das Indikatorstäbchen in das überstehende Wasser und vergleichen danach die Verfärbung mit der Farbskala. Nun können Sie feststellen, ob der Boden Ihrer Lieblingspflanze gut bekommen wird.

Vierter Versuch

Zellulosezersetzung – Recycling in der Natur

Dauer: ca. 2 Wochen

Material: drei Schälchen je Gruppe, Walderde, Garten- oder Ackererde, Sand, Filterpapier

Verlauf: Die Bodenproben werden in die Schälchen gefüllt und ständig feucht gehalten. Das Wasser darf nicht an der Oberfläche stehen. Legen Sie als Ersatz für Laubblätter auf die Bodenproben je einen Streifen Filterpapier. Halten Sie die Schalen bedeckt und warm, beispielsweise auf der Fensterbank über der Heizung. Nach 10 – 14 Tagen entstehen auf dem Papier dunkle und gelbliche Flecke; es haben sich Bakterien, eventuell Schimmelpilze, angesiedelt. Schließlich zerfällt das Papier ganz – wie in der Natur das Laubblatt.

Überlegen Sie mit Ihren Kindern, wie sie die Beobachtungen festhalten können.

Fünfter Versuch

Weder Boden noch Pflanzen mögen Salz, Öl und Spülmittel

Ein Tropfen Dieselöl, eine Prise Salz oder ein bißchen Spüli: Was macht das schon aus, werden Sie vielleicht denken. Pflanzen reagieren sehr empfindlich auf diese Stoffe, wie Sie sich leicht überzeugen können.

Material: 4 gleich große Gefäße (z. B. Blumenuntersetzer), Haushaltswatte, ein Tütchen Kressesamen, Meßbecher, Salz, Dieselöl, Spüli

Verlauf: Herstellen von Lösungen: 1 ccm (0,1 cl) Salz auf 50 ccm (5 cl) Wasser; 10 Tropfen Spüli in 50 ccm Wasser; 2 Tropfen Dieselöl in 50 ccm Wasser; 50 ccm Leitungswasser ohne Zusatz; gründlich umrühren und jeweils auf die Watte der Versuchsgefäße gießen. Verteilen Sie jeweils 20 Samen auf die gesamte Oberfläche der Versuchsgefäße. Stellen Sie die Gefäße auf die Fensterbank (warm, hell), und halten Sie sie mit Leitungswasser feucht. Notieren Sie Ihre Beobachtungen.

Weiterführende Aktivitäten
Versuchsanleitungen zum Nachweis von organischen Bestandteilen im Boden, von Bodenbestandteilen, Humus, Sand und Lehm, von Luftgehalt und Wassersaugspannung enthält u. a. Hans U. Graf, *Ökologie* (1980).

Rottehumus aus Klärschlamm

Wissen nutzen, Abfälle verwerten!

Durch ein spezielles Verfahren wird im Bioreaktor aus Klärschlamm unter Zusatz von kohlenstoffhaltigem Material wie Sägemehl und/oder Laub Rottehumus hergestellt. Etwa zehn Tage dauert es, bis aus dem Klärschlamm der dunkelbraune, lockere Rottehumus entstanden ist. Die im Klärschlamm vorhandenen düngenden Bestandteile (Phosphate, Stickstoff usw.) bleiben erhalten. Das Humusprodukt ist hygienisch einwandfrei; die im Klärschlamm enthaltenen Krankheitskeime sind abgetötet und die Samen keimunfähig gemacht. Wenn der Rottehumus keine Schwermetallrückstände enthält, steht seiner Nutzung im Land- und Gartenbau nichts entgegen. Versuche haben gezeigt, daß durch die Beigabe des Rottehumus die Bodenqualität verbessert und vor allem schwere lehmige Böden aufgelockert werden können.
Im Gemüseanbau und in Kleingärten dient Rottehumus als Bodenverbesserer bzw. als organisches Düngemittel. Er wird ein bis zwei Zentimeter dick oberflächlich aufgebracht und leicht in den Boden eingearbeitet. In dem Rottehumus selbst kann wegen der starken biologischen Aktivität nicht direkt gesät oder gepflanzt werden.
Rasenflächen verhilft der Rottehumus – etwa einen Zentimeter dick oberflächlich aufgetragen – zu besserem Wachstum. An steilen Böschungen verhindert er durch sein starkes Wasserhaltevermögen die Gefahr, daß der Boden bei starken Niederschlägen ins Rutschen gerät. Er eignet sich auch vorzüglich als Beimischung zum Umtopfen von Balkon- und Zimmerpflanzen. Hierzu darf nur Rottehumus genommen werden, der länger als zehn Wochen nachgerottet ist.
Absicht: Über das eigene Nachprüfen der Düngewirkung von Rottehumus zu der Einsicht kommen, daß er besser als Torf für den Garten geeignet ist
Material: 3 – 4 Plastikbeutel, 2 oder 3 Bodenarten (Garten- oder Ackererde, Walderde, stark sandigen Boden), Blumentöpfe oder Blumenkästen, Samen von Gartenkresse, Bohnen und Radieschen, Rottehumus

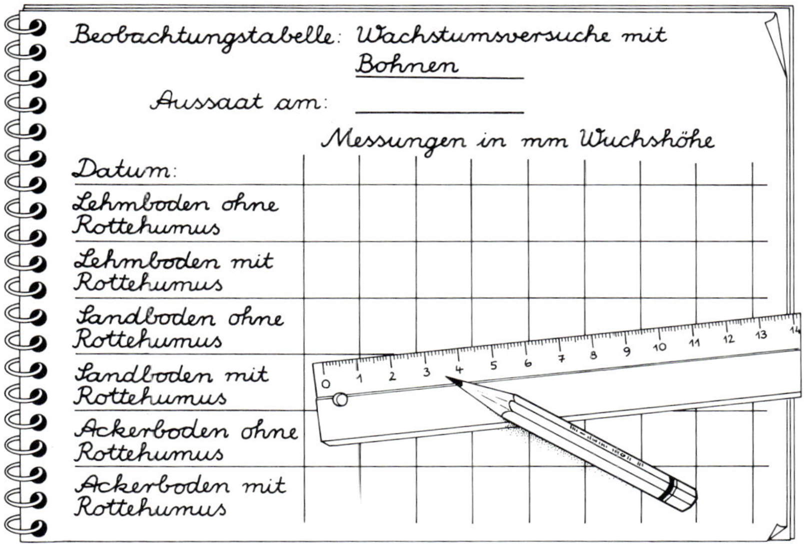

Verlauf: Sammeln Sie in Plastikbeuteln verschiedene Bodenproben, und holen Sie sich in einer Kläranlage Rottehumus. Füllen Sie die verschiedenen Bodenproben in Blumentöpfe oder in Blumenkästen.

Um die Wirkung des Rottehumus zu verdeutlichen, werden jeweils zwei Töpfe mit der gleichen Bodenart gefüllt; in einen wird Rottehumus im Verhältnis 1:20 untergemischt. Bei dem Versuch im Garten empfiehlt es sich, ein bis zwei Zentimeter Rottehumus aufzutragen und unterzumischen. Nach dem Einsäen der Samen läßt sich das unterschiedliche Wachstum der Pflanzen in den verschiedenen Bodenarten erkennen, messen und in einer Tabelle vergleichen.

Achten Sie auf gleiche Versuchsbedingungen: Anzahl der Samen, Menge von Boden und Rottehumus, Topfgröße, Wassermenge zum Gießen, Sonnenbestrahlung und Wärme, Lichteinfall – Töpfe nicht verstellen!

Boden durch selbsterzeugten Dünger verbessern

Boden filtert und speichert unser Wasser.

Wenn Garten und Ackerland Erträge bringen und als lebender Organismus gesund bleiben sollen, muß das Bodenleben erhalten bleiben. Mit Kunstdünger jedoch wird das Bodenleben beeinträchtigt. Der Regenwurm zum Beispiel – ein wichtiger und kostenlos arbeitender Humusbildner – verträgt das in Kalidünger enthaltene Steinsalz (NaCl) nicht und wandert ab. Dabei hat

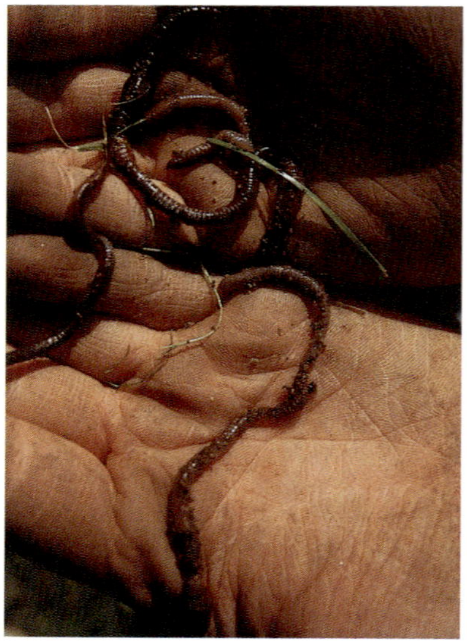

Oben: Einen Regenwurm anfassen? Dieses eklige Getier! So denken viele. Dabei sind Regenwürmer als Bodenverbesserer für uns wichtig und nützlich. Kinder haben im allgemeinen keine Angst vor diesen Tieren: »Es kitzelt so lustig«, meinte der sechsjährige Ingo, als sich der Wurm über seine Finger schlängelte.

Oben rechts: Ein Familienausflug mal ganz anders. Rottehumus ist ein wertvoller Rohstoff zur Verbesserung des Bodens – auch im Garten. Und wenn Sie so tüchtige Helfer haben . . .

bereits Charles Darwin errechnet, daß das Gewicht der Regenwurmexkremente im Oberboden eines gepflegten Ackers zweieinhalb Kilogramm je Quadratmeter und Jahr beträgt. Der Regenwurm liefert damit kostenlos Dünger, wenn man ihn nicht mit Chemie vertreibt.

Schwer abbaubare Stoffe sammeln sich in den Kreisläufen der Ökosysteme und in den Nahrungsketten an. Verständlich ist deshalb, daß immer mehr Menschen bei der Bewirtschaftung ihres Gartens ohne künstlichen Dünger auskommen möchten. Hier bietet sich dem Gartenbesitzer die Möglichkeit, aus Haus- und Gartenabfällen selbst Dünger herzustellen. Auch Gartenämter von Großstädten sind inzwischen dazu übergegangen, die in den städtischen Parks und Grünanlagen anfallenden pflanzlichen Abfälle zu kompostieren. Mit dem so erzeugten Humus wird die Qualität der Böden verbessert. Außerdem ist Kompostieren billiger als die Müllabfuhr. Wie das Experiment mit dem Rottehumus belegt, wachsen Pflanzen auf humusreichen Böden besser und kräftiger als auf kargen Bodentypen. Jeder sollte darum bemüht sein, den zu bearbeitenden Boden mit Humus und nicht mit künstlichen Wachstumsförderern zu versetzen.

Auch mit Torf, der nach verbreiteter Meinung als idealer Bodenverbesserer gilt, kann selbsterzeugter Humus konkurrieren. Torf besitzt einen sehr hohen Säuregrad und verändert dadurch den Säuregehalt des Bodens. Außerdem enthält er weniger Nährstoffe als Humus, was eine Düngerzugabe erforderlich macht. Einmal trocken gewordener Torf läßt sich nur schwer wieder nässen. Durch

Torf gehört ins Moor, nicht in den Garten!

Verzicht auf Torf – bei Einsatz von selbsterzeugtem Humus – wird aktiver Umweltschutz geleistet: Hochspezialisierte Tiere und Pflanzen bleiben erhalten, der Wasser- und Nährstoffhaushalt sowie das Kleinklima werden positiv beeinflußt.
Als eine Alternative für die Bodenverbesserung bietet sich die Kompostmiete an. Kompostierte Abfälle entlasten Mülldeponien und Transportkapazität. Der folgende Versuch soll Ihnen zeigen, daß bei der Verrottung Wärme entsteht, die das Pflanzenwachstum fördert. Anschließend geben wir Ihnen eine kurze Anleitung zur Herstellung von eigenem Humus.

Erster Versuch
Verrottung erzeugt Wärme
Material: 2 gleich große Gläser bzw. durchsichtige Behälter; 2 Bodenthermometer, Abfälle, Biorott oder eine ähnlich aktivierende Substanz
Verlauf: Kartoffelschalen, Blätter, Gras, verfaultes Obst und andere Abfälle werden in die beiden Behälter gefüllt. Bei einem der Behälter werden die Abfälle, wenn sie eine Stärke von ca. zehn Zentimeter erreicht haben, mit einer dünnen Schicht einer aktivierenden Substanz (z. B. Biorott) abgedeckt. Ist der Abfall sehr trocken, sollte er leicht angefeuchtet werden. In die Gefäße wird an gleicher Stelle je ein Thermometer fünf bis sechs Zentimeter tief eingesteckt. Danach werden die Verrottungserscheinungen (Temperatur, Geruch, Farbe und Zustand) in den Gefäßen beobachtet, gemessen und notiert.
Mit Jugendlichen kann in Weiterführung dieser Aktivität das entstehende Biogas (Methan) aufgefangen und nachgewiesen werden.

Hegen und Pflegen – auch das braucht unsere Erde. Diese Kinder sind ganz dabei; es könnten Ihre sein.

Zweiter Versuch
Herstellung von Humus
Material: Haushalts- und Gartenabfälle, 4 eineinhalb bis zwei Meter lange Eisenstangen oder Rohre als Pfosten, ca. 4 – 5 Meter Maschendraht, Kalkstickstoff oder Steinmehl, Erde
Ort: ein geeigneter Platz (ca. ein Quadratmeter)
Verlauf: Um Humus zu erzeugen, werden Abfälle zu einem Komposthaufen geschichtet; Stauden, Äste, Pappen werden zuvor zerkleinert, Papier wird zerkleinert oder zerknüllt (keine farbigen Prospekte oder Magazine mit Glanzpapier verwenden). Reisig und Äste sind wichtig, da sie den Kompost lockern und durchlüften. Er

Kompostierte Abfälle entlasten Deponien und Müllabfuhr!

kann so besser verrotten. Ist die Abfallschicht etwa 20 bis 25 Zentimeter dick, wird sie zuerst mit einer dünnen Schicht Kalkstickstoff oder Steinmehl (ein bis zwei Zentimeter), dann mit einer acht bis zehn Zentimeter dicken Erdschicht abgedeckt. (Kalkstickstoff zerstört Pflanzensamen, die nicht ins Gemüsebeet sollen, fördert die Zersetzung und ist ein wichtiger Nährstoff.) Auf diese Weise wird der Komposthaufen Schicht für Schicht aufgebaut (maximal bis 1,20 Meter hoch). Der fertige Haufen wird mit Laub, Rasenschnitt, alten Säcken, Pappen oder einer fünf Zentimeter dicken Erdschicht abgedeckt. Um die Rotte zu beschleunigen, kann der Kompost mit einem Sud aus Brennessel, Löwenzahn u. a. »geimpft« werden. Der Kompost ist fertig, wenn die Abfälle sich in krümlige, nach Waldboden riechende Erde verwandelt haben. Verrottungsdauer: zwei bis drei Jahre.

Literatur: Umweltbundesamt (Hrsg.), *Dein Garten – gesunde Nahrung. Natur verstehen,* Berlin o. J.

Wasser – wertvoller als Gold?

Ohne Wasser wäre der Planet Erde leblos und kahl wie der Mond.

Wasser scheint uns unerschöpflich zu sein. Und doch: Obwohl rund sieben Zehntel der Erdoberfläche von Wasser bedeckt sind, fehlt an vielen Stellen das für den Menschen nutzbare und genießbare Wasser. Trinkwasser ist Mangelware! Das trifft für viele dichtbesiedelte Gebiete zu. Für ihre Bewohner muß aus immer größeren Entfernungen zu immer höheren Kosten das Wasser herantransportiert werden. Aber auch die Herkunftsgebiete von Wasser haben zunehmend Probleme. Durch eine übermäßige Entnahme kommt es dort zu einem starken Absinken des Grundwasserspiegels mit vielfach unübersehbaren Folgen: Wälder sterben ab, an Häusern zeigen sich Setzungsrisse, Quellen versiegen, Bäche und Flüsse führen weniger Wasser.

Bäche und Flüsse erfüllen im Kreislauf des Wassers eine wichtige Aufgabe. Durch Eingriffe des Menschen wie Begradigung, Verrohrung, Beseitigung der Ufervegetation wird der Kreislauf jedoch mehr und mehr gestört. So kommt es neben der natürlichen Schwankung der abgeführten Wassermenge – verursacht durch die Jahreszeiten und durch die unterschiedlichen Niederschlagsmengen – zu Schwankungen, die der Mensch ausgelöst hat. Wassermenge, Wasserverschmutzung und Fließgeschwindigkeit haben Rückwir-

Den Dingen auf den Grund gehen – in Zusammenhängen denken!

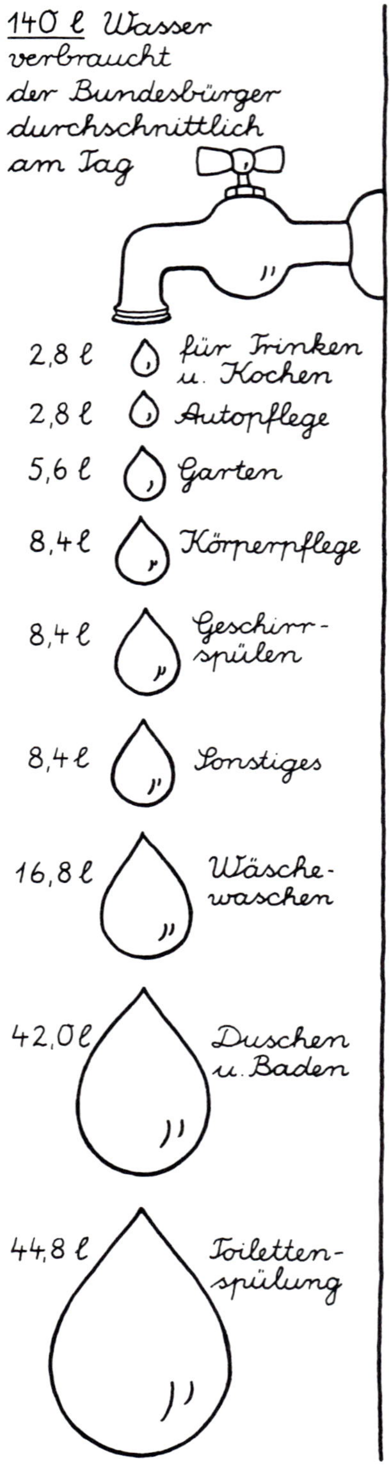

kung auf die Wassertemperatur, den Sauerstoffgehalt, den pH-Wert und das Tierleben und somit wieder auf die Menschen. Gewässerschutz beginnt im Haushalt, denn ein Großteil der Schadstoffe kommt aus den Haushalten. Seit einiger Zeit werden umweltfreundliche Waren durch einen »blauen Engel« besonders kenntlich gemacht. Jeder sollte beim Einkaufen auf dieses Zeichen achten.

Wasserverbrauch in Haushalt und Wirtschaft

1	Waschmaschinenwäsche	180 l	1	Wannenbad	bis zu 200 l
1	Autowäsche		1	kg Schreibpapier	1000 l
	mit Eimer	20–40 l			
	mit Schlauch	150–200 l	1	kg Weizen (Acker)	5000 l
1	WC-Benutzung	bis zu 10 l	1	Kuh täglich	50 l
1	Brausebad	bis zu 50 l	1	Auto herstellen	380000 l

In den Privathaushalten achten viele Bürger mittlerweile auf den Wasserverbrauch, da er häufig mit der Abwasserabgabe (Kanalgebühr) gekoppelt ist. Die Verbrauchssteigerungen früherer Jahre bleiben aus.

Messen der Wasserqualität

Damit Sie sich selber ein Bild vom Zustand der Gewässer in Ihrer Umwelt machen können, stellen wir Ihnen einige Meßverfahren vor, mit deren Hilfe Sie Qualitätsmerkmale von Wasser bestimmen können. Alle Versuche erfordern besondere Vorsicht, Aufmerksamkeit und Sorgfalt, insbesondere wenn sie an schiffbaren Flüssen durchgeführt werden.

Absicht: Hauptziel der nachfolgenden Aktivitäten ist nicht das Messen als solches, sondern das Begreifen der zwischen den gewonnenen Meßdaten bestehenden Abhängigkeiten; letztlich geht es um die Erkenntnis: Für sauberes Wasser, das lebenswichtig ist, müssen wir etwas tun!

Material: Die Firma Merck, Darmstadt, hat zu diesen Versuchen Materialien und ausführliche Beschreibungen veröffentlicht, die vom Greenpeace Umweltschutz Verlag (Hohe Brücke 1, 2000 Hamburg 11) oder vom Verband Deutscher Sportfischer

Oben: Begradigte, verpflasterte und verrohrte Bäche sind teure Sünden wider die Natur, die Sie mit einer »Bach-Patenschaft« mindern können.

Oben rechts: Ein Bach ist – läßt man ihn in Ruhe – ein lebendiges Gewässer.

(Bahnhofstr. 37, 6050 Offenbach/M.) bezogen werden können; auch Ihr Apotheker kann Ihnen weiterhelfen!

Erster Versuch
Temperatur messen
Die Temperatur beeinflußt u. a. den pH-Wert und den Sauerstoffgehalt der Gewässer und hat somit mannigfaltige Rückwirkungen auf das Leben im Wasser.
Material: Thermometer, Tabelle zum Notieren der Ergebnisse
Verlauf: Halten Sie das Thermometer mindestens 30 Sekunden lang ca. zehn Zentimeter tief in verschiedene Gewässer und lesen Sie danach die Temperaturen ab!

Wasser ist nicht gleich Wasser – ein Fisch merkt das und Ihre Waschmaschine auch!

Zweiter Versuch
pH-Wert bestimmen
Der pH-Wert einer Lösung sagt aus, ob die in ihr gelösten Stoffe sauer oder alkalisch reagieren. Saures Wasser, das z. B. beim Auflösen von Kohlensäure aus der Luft entsteht, hat einen pH-Wert, der kleiner als 7 ist. Basisches Wasser, das z. B. durch Auflösen von Kalk aus dem Boden entsteht, hat einen pH-Wert größer als 7. Neutrales Wasser hat einen pH-Wert von 7,0. Extreme Wetterlagen wie starke Erwärmung bzw. Abkühlung können den pH-Wert ansteigen bzw. fallen lassen. Fische leben normalerweise in einem pH-Bereich, der zwischen 4,5 und 10 liegt. Sie erkranken

oder meiden diese Gewässer, wenn die Werte unter- bzw. überschritten werden. Der bevorzugte pH-Wert kann je nach Fischart unterschiedlich sein, z. B. beim Hecht: 4,4 bis 10,7, bei der Forelle: 4,0 bis 9,2. Der pH-Wert des Wassers in Schwimmbädern muß laut Verordnung zwischen 7,4 und 7,6 liegen.
Verlauf (nach Merck): Meßgefäß mit dem zu prüfenden Wasser spülen und bis zur Markierung (entsprechend 5 ml) füllen; drei Tropfen Indikatorlösung hinzufügen und gut umschütteln. Meßgefäß auf den weißen Mittelstreifen der pH-Farbskala aufsetzen und so lange verschieben, bis die Farbe der Lösung und ein Farbvergleichswert übereinstimmen oder eine Einordnung zwischen zwei Farbvergleichswerten möglich ist; hierbei von oben durch die Lösung schauen, dann den pH-Wert ablesen und in die Tabelle eintragen.

Dritter Versuch
Sauerstoff-Gehalt bestimmen

Ein schwieriger Versuch, der größte Genauigkeit verlangt.

Sauerstoff gilt als ein Wertmesser für die biologische Wasserqualität. Er bestimmt sowohl die Vielfalt der Arten als auch die Zahl der im Wasser lebenden Pflanzen und Tiere. Da Vielfalt und Quantität wiederum die Selbstreinigungskraft eines Gewässers beeinflussen, besteht ein unmittelbarer Zusammenhang von Sauerstoffgehalt und Belastbarkeit mit Fremdstoffen, wie z. B. Phosphaten oder Nitraten.
Der Sauerstoffgehalt eines Gewässers wird beeinflußt von
- ▷ der Größe der Wasserfläche,
- ▷ der Fließgeschwindigkeit,
- ▷ der Anzahl sauerstofferzeugender Pflanzen und
- ▷ der Menge eingeleiteter organischer Stoffe wie Phosphate und Nitrate, die das Wachstum von Algen und Plankton stark anregen. Diese Pflanzen verbrauchen nachts viel Sauerstoff.

Natürliche Uferböschungen sind der Lebensraum der Wasserpflanzen; nur in Ausnahmen sollten Ufer daher befestigt werden.

Aus diesen Wechselwirkungen und Abhängigkeiten ergeben sich für Planung, Landnutzung und Naturschutz wichtige Konsequenzen: Mäandrierende, in Windungen verlaufende Gewässer vergrößern die Wasseroberfläche beträchtlich. Durch Reaktivieren der begradigten Flußschleifen und Altarme könnte die Wasseroberfläche vieler Flüsse wieder vergrößert werden.
Verlauf (nach Merck): Die Glasflasche, in der sich vier Glaskugeln befinden, bis zum Überlaufen mit dem zu untersuchenden Wasser füllen; nacheinander je fünf Tropfen Reagenz 1 und Reagenz 2 zugeben; die Flasche mit dem

Achtung:
Der ermittelte Sauerstoffgehalt kann durch bestimmte, im Wasser gelöste Stoffe beeinflußt sein!

abgeschrägten Glasstopfen verschließen, gut umschütteln und verschlossen eine Minute stehen lassen. Zehn Tropfen Reagenz 3 zugeben, wieder verschließen und erneut gut umschütteln. Dann das Meßgefäß mit der so erhaltenen Lösung spülen und bis zur 5 ml-Markierung füllen. Anschließend einen Tropfen Reagenz 4 zugeben und umschütteln; die Lösung färbt sich je nach Sauerstoffgehalt violett bis blau.
Titrierpipette lose aufsetzen und durch langsames Aufziehen der Spritze mit Titrierlösung Reagenz 5 füllen, bis der untere Rand der schwarzen Stempeldichtung mit dem Skalenteil 0 mg/l Sauerstoff übereinstimmt.
Titrierspritze herausnehmen und die Spitze des Tropfrohres kurz abstreifen; dann die Titrierlösung tropfenweise der vorbereiteten Wasserprobe zusetzen, bis die Farbe der Wasserprobe von blau nach farblos umschlägt, dabei das Meßgefäß umschwenken.
Den Sauerstoffgehalt des Wassers in mg/l auf der Skala der Titrierpipette ablesen und den Wert mit dem Sättigungswert in der den Versuchsmaterialien beigegebenen Tabelle vergleichen.
Anmerkung: Eine Spitzenfüllung entspricht 10 mg/l Sauerstoff.

Vierter Versuch
Ammonium-Gehalt bestimmen
Ammonium gilt als typischer Verschmutzungsanzeiger. Es entsteht beim Abbau tierischer und pflanzlicher Eiweiße. Ammonium ist häufig im Oberflächen- und Grundwasser, immer in häuslichen und industriellen Abwässern und in Aquarien enthalten. Im Trinkwasser dürfen keine nachweisbaren Ammonium-Verbindungen sein. Die Toleranzgrenze beträgt nach europäischem Standard 0,05 ppm (ppm: parts per million, d. h. Teile auf eine Million). Bei einem pH-Wert von mehr als 8 besteht durch Bildung des giftigen Ammoniaks zunehmend Gefahr für den Fischbesatz eines Gewässers.

Wasser, in dem Fische sterben, bekommt auch dem Menschen nicht!

Meßergebnisse der Wasserqualität
Gewässerart: ________________

Datum/ Uhrzeit	pH-Wert	Wasser-temperatur	Sauerstoff (mg/l) Sättigung	Defizit	Ammonium-gehalt	Bemerkungen

Wer macht den interessantesten Fang? Wußten Sie, daß bestimmte Wassertiere eine gute oder schlechte Wasserqualität anzeigen?

Verlauf (nach Merck): Meßgefäß mit dem zu prüfenden Wasser spülen und bis zur Markierung (entsprechend 5 ml) füllen; nacheinander je drei Tropfen der Reagenzlösungen 1, 2 und 3 hinzufügen; nach jeder Zugabe gut schütteln. Meßgefäß auf dem weißen Mittelstreifen der Ammonium-Nitrit-Farbskala aufsetzen und so lange verschieben, bis die Farbe der Lösung mit einem der Ammonium-Farbvergleichswerte übereinstimmt oder eine Einordnung zwischen zwei Farbvergleichswerten möglich ist, hierbei von oben durch die Lösung schauen, Ammonium-Konzentration in mg/l (ppm) ablesen und in die Tabelle eintragen.
Nach Ausgießen der Probe sehr gründlich mit Wasser nachspülen; Sicherheitsratschläge beachten!

Fünfter Versuch
Fließgeschwindigkeit messen
Die Fließgeschwindigkeit des Wassers wird u. a. vom Gefälle, vom Querschnitt und von der Ufervegetation eines Gewässers beeinflußt. Begradigungen erhöhen die Fließgeschwindigkeit. Die Gewässer graben sich tiefer in ihr Bett ein und senken so den Grundwasserstand im Uferbereich ab. Feuchtgebiete können austrocknen; standortgebundene Tiere und Pflanzen können unter den veränderten Umweltbedingungen nicht überleben.
Material: Korken, zwei Schnüre, Meßband, Taschenmesser, Gummistiefel, Uhr mit Sekundenzeiger
Ort: Bach, schmaler Fluß; ideale Standorte zum Messen sind Brücken mit Gehsteigen und Stege
Verlauf: Im Abstand von mehreren Metern werden zwei Schnüre über den Bach gespannt; der Abstand darf nicht zu groß sein, muß aber genau gemessen werden. Dann einen Flaschenkorken oder ein Stück Rinde oberhalb der ersten Schnur in den Bach werfen und die »Fahrzeit« zwischen den Schnüren messen; soll die Geschwindigkeit genauer gemessen werden, muß ein Gegenstand gewählt

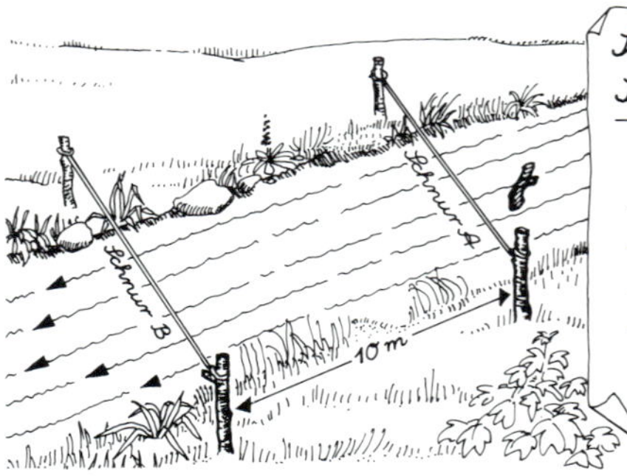

Strömungsgeschwindigkeit:

Sekunden je m	m je Stunde
1	3 600
2	1 800
3	1 200
4	900
5	600
10	360
15	240
20	180

Wichtig: Die Flasche muß wieder herausgefischt werden!

werden, der in das Wasser eintaucht, aber noch herausschaut (z. B. eine teilweise mit Wasser gefüllte Plastikflasche). Durch mehrere Messungen läßt sich die Durchschnittsgeschwindigkeit ermitteln.
Diskussionspunkte für die jeweiligen Aktivitäten (Vorschläge):

- ▷ Was würde geschehen, wenn an dieser Stelle das gesamte Wasser durch eine Wasserleitung in ein Ballungsgebiet geleitet würde?
- ▷ Führt der Fluß immer die gleiche Menge Wasser? Wenn nein, warum nicht (längere Trockenzeit, starke Regenfälle, Schneeschmelze, Wasserentnahme, Staubecken)?
- ▷ Würdest du Wasser aus diesem Bach/Fluß trinken? Warum oder warum nicht?
- ▷ Würdest du in diesem Bach/Fluß baden wollen?
- ▷ Woher bekommen wir heute unser Trinkwasser? Ist es behandelt/aufbereitet?
- ▷ Wie kann jeder von uns mithelfen, Wasserverbrauch und Wasserverschmutzung zu verringern?

Literatur: Deutscher Naturschutzring (Hrsg.), *Grundwasserentnahmen – ökologische Risiken und Alternativen;* Bonn 1981.

Kein Abenteuer-Spielplatz kann es mit einem Bach aufnehmen. Ein »Bootsrennen« macht nicht nur Spaß, sondern vermittelt auch erste Erfahrungen mit Strömung, Wasserwirbel und Geschwindigkeit. Gummistiefel und Wäsche zum Wechseln sollten Sie allerdings nicht vergessen.

Hochwasser – von Menschen verursacht

Starke Regenfälle führen in weiten Teilen unseres Landes immer wieder zu Überschwemmungen. Die Landräte lösen dann häufig Katastrophenalarm aus, das Technische Hilfswerk, das Rote Kreuz, die Feuerwehren, die Bereitschaftspolizei und sogar Soldaten werden alarmiert.
Hochwasser haben natürlich eine Ursache. Häufig werden extrem hohe Niederschläge dafür verantwortlich gemacht. Die gab es aber früher auch schon, ohne daß es immer gleich zu Katastrophen kam. Was hat sich in der Zwischenzeit geändert?
Es ist offensichtlich, daß verschiedene von Menschen durchgeführte Maßnahmen das Ausmaß der Schäden und die Zahl der Überschwemmungen beeinflussen. Insbesondere in den 60er und 70er Jahren wurden die bebauten Flächen stark erweitert und damit »versiegelt«. Dazugehörige Straßen und Wege engten den früher vorhandenen Stauraum weiter ein. Niederschläge, die ehemals keine Überschwemmungen auslösten, können heute ein mittleres Hochwasser verursachen.
Diese vielfältigen Wechselwirkungen und gegenseitigen Abhängigkeiten wurden bei den Eingriffen in die Natur vom Menschen zu

wenig berücksichtigt. Wir sind in einen Teufelskreis geraten: Ein Bach wird teilweise begradigt oder kanalisiert, damit das Wasser schneller abfließen kann. Weiter abwärts, wo der Bach noch nicht begradigt ist, staut sich dann das Wasser und tritt über die Ufer. Um den Mittellauf zu schützen, wird auch dieser begradigt und in ein Stein- oder Betonbett gezwängt. So wird die gefährdete Zone immer weiter abwärts verlagert, bis der Bach schließlich bis zur Mündung verbaut ist.
Und wie geht es weiter? Davon können viele Bewohner an Mosel, Rhein und Donau ein Lied singen...
Vor der Begradigung gab es nach starkem Regen bereits im Oberlauf Überschwemmungen. Das Wasser überflutete meist nur die angrenzenden Wiesen, aus denen es gleich einem natürlichen Rückhaltebecken verhältnismäßig langsam abfloß. Im Mittellauf gab es dann keine oder nur geringe Überschwemmungen. Da das Wasser in dem begradigten Oberlauf schneller abfließt, wird in den Wiesen und anderen Gebieten weniger Wasser als früher gespeichert. Der Wasserspiegel des Baches fällt sehr schnell. Mitunter trocknet er fast ganz aus. Ein Großteil der Bewohner, von der kleinsten Mückenlarve bis zu den Krebsen und Fischen, verenden dann jämmerlich. Aber es muß gar nicht bis zum Versiegen kommen: Bei stark verringerter Wassermenge steigt die Wassertemperatur stark an. Dann fällt der Sauerstoffgehalt derart ab, daß alles höhere Leben im Bach vernichtet werden kann.

»Es ist höchste Zeit, Wasserbau auf ökologische Ziele umzustellen, dem Wasser seine Bedeutung als Lebensraum zurückzugeben und ihm wieder genügend Fläche einzuräumen.« *Urs Schwarz*

Mit Bachpatenschaften helfen

Absicht: Ermutigen, sich für eine teilweise Umwandlung künstlich verbauter Bachläufe in naturnahe Gewässer einzusetzen

Material: eine topographische Karte im Maßstab 1:25000 oder 1:10000, die für wenige Mark beim zuständigen Katasteramt zu kaufen ist

Verlauf: Wenn Sie andere von der Notwendigkeit naturnaher Gewässer überzeugen wollen, kann Ihnen eine selbstgefertigte »Gewässer-Zustandskarte« gute Dienste leisten. Eine Arbeit, die Sie mit Ihrer Familie – vielleicht zusammen mit einer anderen Familie oder den Freunden Ihrer Kinder – ohne besondere Schwierigkeiten auf einem Erkundungsgang meistern.
Halten Sie in der Karte verrohrte, kanalisierte, begradigte und andere künstlich angelegte Abschnitte sowie noch vorhandene, naturnahe Gewässerstrecken fest. An den Ufern stehen teilweise noch Gehölze, deren Standort Sie auch kartieren sollten.
Besprechen Sie zuerst mit bekannten oder befreundeten Familien,

Fließgewässer gehen uns alle an!

dann auch mit Vertretern ortsansässiger Naturschutzverbände und der Gemeinde, welche Teile eines Baches wieder in einen naturnahen Zustand zurückversetzt werden könnten. An die Stelle von Rasenböschungen sollten uferbegleitende Gehölze sowie Röhrichte und Hochstauden treten; Betoneinfassungen könnten, wenigstens teilweise, durch natürliche Steinböschungen ersetzt werden.
Überlegen Sie, wie die erforderlichen Gelder aufgebracht werden können. Eine Bürgerinitiative könnte durch Gemeinschaftsarbeit die Kosten senken.

Literatur: G. Friedrich, *Fließgewässer. Charakteristik – Gefährdung – Schutz;* Bonn 1982.

Naturenergie Wasser – Wir bauen ein Wasserrad

Wasserkraft – saubere Energie zum Nulltarif?

Die fließenden Wasser zählen zu den ältesten Energiequellen der Erde. Die Kraft des Wassers läßt sich leicht und unmittelbar erkennen. Daher war der Mensch schon sehr früh bemüht, sie in seinen Dienst zu stellen. Bereits um das Jahr 200 v. Chr. wurde in Byzanz das Wasserrad beschrieben, das älteste und bekannte Zeugnis für die Nutzbarmachung der Energie des fließenden Wassers. Die Wasserkraft wurde vor allem für die Bewässerung und zum Antrieb von Mühlen eingesetzt. Zu einer Kraftmaschine von allgemeiner Bedeutung wurde das Wasserrad erst im Mittelalter. Im 17. Jahrhundert wurden mit seiner Hilfe bis zu 50 Kilowatt (kW)

Hier und da sieht man alte Wassermühlen, deren Besitzer das Mühlrad wieder in Gang gesetzt haben, um so billig und umweltschonend Energie zu gewinnen.

Leistung erzeugt; heute leisten moderne Turbinen in Laufwasserkraftwerken bis zu 100 000 kW.
Im Zuge von Energie-Sparmaßnahmen haben bereits einzelne Mühlenbesitzer das alte Mühlrad wieder in Gang gesetzt. Sie verbrauchen den über einen Generator erzeugten elektrischen Strom meist selber; mitunter wird er aber auch dem öffentlichen Leitungsnetz zugeführt. Insgesamt ist der Anteil aus Wasserkraft gewonnener Energie mit durchschnittlich vier Prozent gering.
Der Umgang mit Wasser in der Natur ist ein Spiel, das alle Altersstufen fasziniert. Deshalb geht es uns beim Bau eines Wasserrades weniger um Perfektion bei der Konstruktion als vielmehr um das Lösen eines Problems sowie das Verstehen von Zusammenhängen. Versuche haben gezeigt, daß nach Besichtigung einer Mühle und nach eingehender Beobachtung und Besprechung des Mühlrades bereits zehnjährige Kinder fähig sind, geeignete Lösungswege zum Bau eines Wasserrades zu entwickeln.
Schwierigkeiten kann manchmal das Handwerkliche bereiten (wie beispielsweise das Festbinden des Speichenkreuzes an der Achse). Hierbei muß den Kindern geholfen werden.

Absicht: ein einfaches Wasserrad selbst herstellen

Teilnehmer: 2 – 3 Personen

Material: hohe Gummistiefel, Schnitzmesser, Taschenmesser, Schnur, Nägel, bleistiftdicke Ruten, z. B. von Weiden, Astgabeln, Handtuch, Socken zum Wechseln, Uhr mit Sekundenzeiger, für die Wasserradschaufeln sollten Sie Holzplättchen von ca. vier bis fünf Zentimeter Seitenlänge anfertigen lassen.

Spielen mit Wasser fasziniert. Für den Bau einfacher Wasserräder begeistern sich schon Neun- und Zehnjährige. Und was läßt sich alles mit einem Wasserrad ausprobieren!

Verlauf: Erkunden Sie den Standort einer Mühle mit betriebsfähigem Wasserrad sowie eine leicht zugängliche Kiesbank in einem Bach oder Fluß. Besuchen Sie mit Ihren Kindern oder Freunden an einem sonnenwarmen Tag diese Mühle. Lassen Sie Ihren Kindern ausreichend Zeit, Wirkungsweise, Aufgabe und Bestandteile des Wasserrades zu erkunden. Mögliche Gesprächspunkte sind: Warum ist die Mühle nicht mehr in Betrieb? Welchen Beruf übt der Besitzer heute aus? Wie wird das Mühlrad heute genutzt?
Sammeln Sie mit Ihren Kindern bleistiftstarke Ruten, Äste, Astgabeln, und lassen Sie sie ihr eigenes Wasserrad bauen. Wenn Sie Zeit und Lust haben, kann die Strömungsgeschwindigkeit verändert und die Umdrehungszahl in Abhängigkeit von Strömung und Bauweise gesetzt und gemessen werden. Sie selber können versuchen, die Drehbewegung durch Konstruktion von Frosch, Hammer und Amboß in eine Auf-Ab-Bewegung umzusetzen.

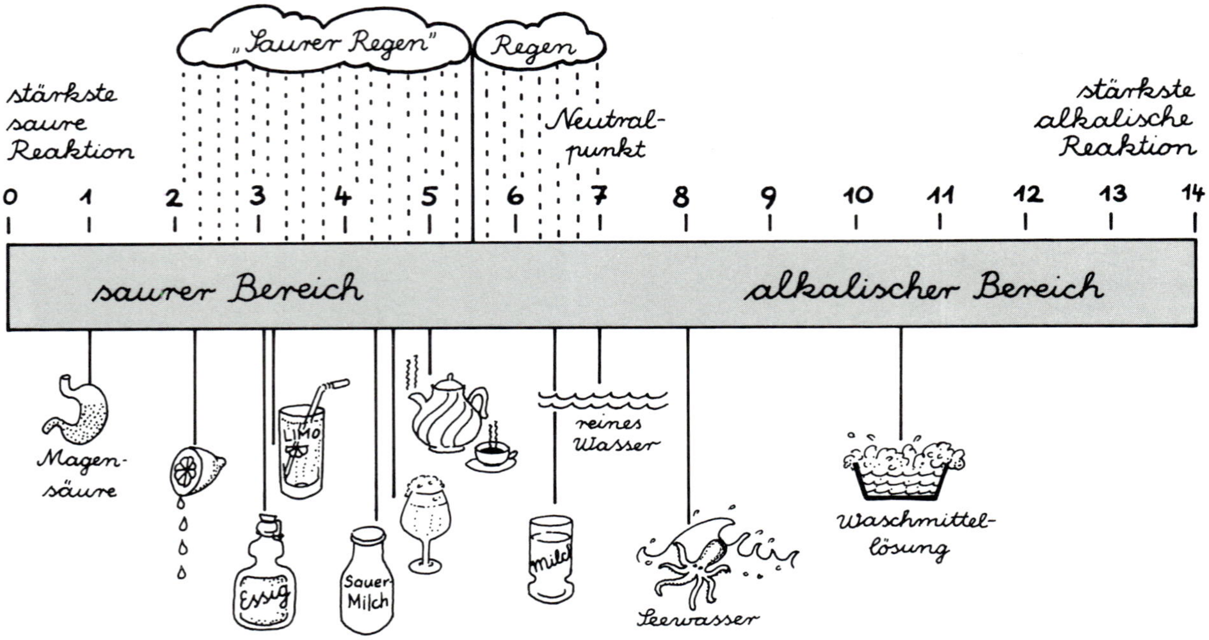

Saurer Regen – eine Herausforderung für uns alle

Am Waldsterben sind wir alle beteiligt, und die Schädigungen im Wald sind auch für den Laien nicht mehr zu übersehen.

In den 70er Jahren wurde in der Bundesrepublik an verschiedenen Meßstationen eine Zunahme des pH-Wertes ermittelt. Hier schlagen sich bestimmte umweltschützende Maßnahmen nieder. Und trotzdem nehmen die Schäden in unseren Wäldern zu.
Zum Thema »Sterbende Wälder« organisieren einige Forstämter und Volkshochschulen Führungen. Sie selber könnten auch Führungen anregen und sich Krankheitsmerkmale an Bäumen – wie »Storchennest«, »Klebastmantel«, »Naßkern«, vergilbte Blätterrollen, Dürräste und harzende Rindenschäden an Zweigen – zeigen lassen. Nicht nur nach dem Staat rufen! Auch Sie können durch ein umweltgerechtes Verhalten langfristig unseren Wäldern und damit der Umwelt und sich selbst helfen!
Was ist zu tun? Der Schlüssel zur wirksamen Verminderung von Schadstoffen liegt in einer umweltfreundlichen Energieversorgung. Dies verlangt politische Entscheidungen. Hilfreich ist aber auch der sparsame Umgang mit Energie. Jeder muß und kann etwas tun, um den Schadstoffgehalt der Luft zu senken.
Absicht: Messen des pH-Werts von Regenwasser und Schnee, um den Grad der Übersäuerung und der Belastung unserer Umwelt festzustellen

Der persönliche Bezug des einzelnen zu seiner Umwelt, sein Berührtwerden und Betroffensein sind entscheidend für die Entwicklung eines umweltbezogenen Wertesystems.

Material: Merck Art. Nr. 9177 (pH-Bereich 0 bis 5, abgestuft in 0,5 pH-Einheiten) oder: Merck Art. Nr. 9175 (pH-Bereich 4 bis 10, abgestuft in 0,5 pH-Einheiten) und Merck Art. Nr. 9541 (pH-Bereich 2,5 bis 4,5, abgestuft in 0,2 bis 0,3 pH-Einheiten); ein Schälchen oder Reagenzglas; Pipette; Tabelle

Verlauf: wie auf Seite 49/50 beschrieben

Überlegen Sie gemeinsam mit Ihren Kindern oder Freunden, wie Sie die Meßergebnisse anderen zur Kenntnis bringen können. Machen Sie konkrete Vorschläge, wie jeder mithelfen kann, den Schadstoffgehalt der Luft zu senken. Versuchen Sie, mindestens einen Mitbürger von der Notwendigkeit zu überzeugen, selber aktiv zu werden.

Wichtig! Wenn Sie über die Folgen des »Sauren Regens« sprechen, sollten Sie wissen, daß der natürliche pH-Wert im Rohhumus unter Buchen (Fichten/Kiefern) in 5 cm Tiefe 4,3 (3,8/3,3) betragen kann.

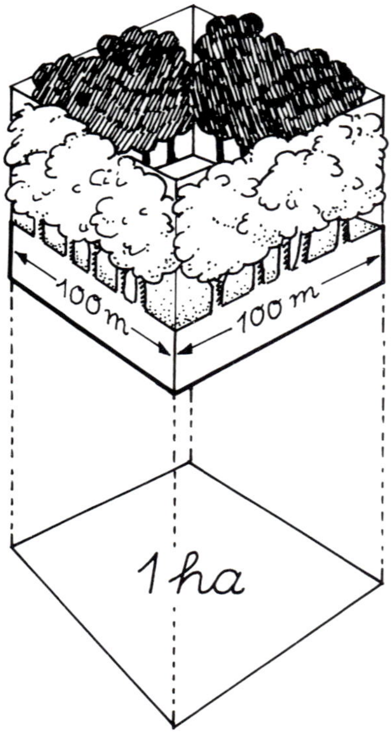

Ein Wald ist mehr als die Summe seiner Bäume

Unsere Wälder sind für das Leben auf der Erde von besonderer Bedeutung: Sie beeinflussen wesentlich das Klima von der bodennahen Schicht bis zu einer Höhe von etwa 400 m über der Erdoberfläche. Deshalb befürchtet man auch von den großflächigen Abholzungen – wie sie heute vor allem in den tropischen Regenwaldgebieten erfolgen – ungünstige Auswirkungen auf das Großklima der Erde.

Merke: 1 Hektar Buchenwald

▷ erzeugt Sauerstoff für 100 Menschen,
▷ filtert jährlich bis zu 60 Tonnen Staub aus der Luft,
▷ speichert im Wurzelbereich bis zu 2 Millionen Liter Wasser,
▷ verdunstet im Sommer Hunderttausende Liter Wasser.

Auf einer Nutzpflanzung (Kultur) stehen je Hektar z. B. 4000 Fichten, 10000 Buchen oder 12000 Kiefern. Entsteht die Kultur durch Samenflug, können es anfangs sogar mehr als 100000 Pflanzen sein. Will man starke und gleichmäßig gewachsene Bäume haben, so muß der Bestand immer wieder durchforstet werden. Jedesmal, wenn die Bäume drei bis fünf Meter höher gewachsen sind, erfolgt eine Auslese. Entfernt werden dann Bäume, die

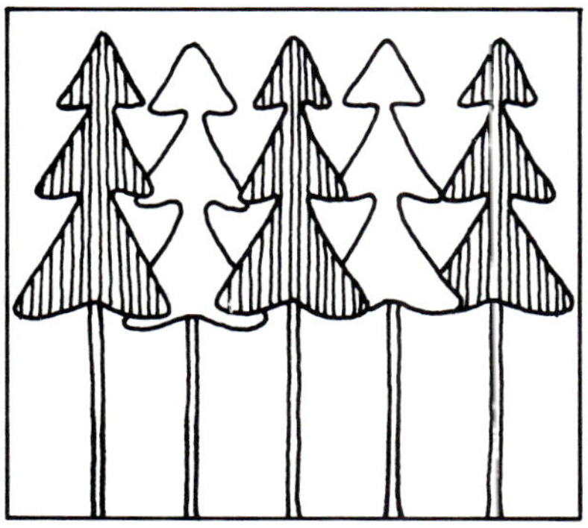

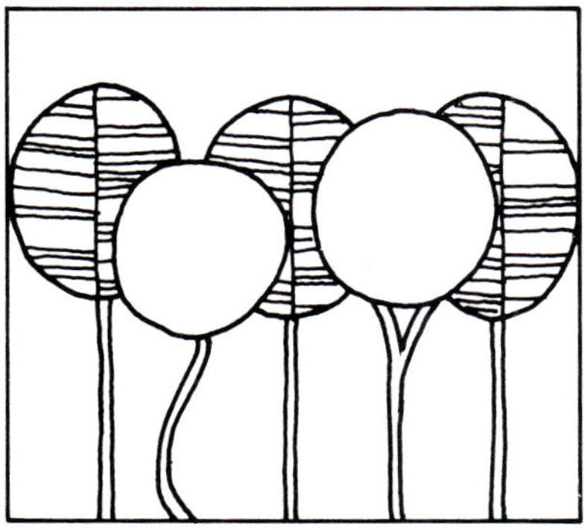

- ▷ andere zu stark bedrängen,
- ▷ einen verkrüppelten Wuchs aufweisen,
- ▷ von Insekten befallen sind,
- ▷ durch Feuer beschädigt wurden,
- ▷ eine geteilte Krone haben.

Das beim Ausforsten gewonnene Holz dient vor allem der Zelluloseindustrie als Rohstoff. Die zum Aufwuchs bestimmten Bäume werden durch Entasten im Wuchs gefördert.
Nach etwa 100 Jahren – am Ende des Lebens eines Wirtschaftswaldes – bleiben auf einem Hektar nur noch 200 Lärchen, 300 Kiefern oder 400 Fichten zum Einschlag; wenn alles gut geht und Naturgewalten oder der Mensch die jahrzehntelange Arbeit der Forstleute nicht zunichte gemacht haben.
Absicht: Einsicht gewinnen in die Notwendigkeit, Nutz- bzw. Wirtschaftswälder zu pflegen
Teilnehmer: 1 oder 2 Personen
Material: ein Meßband je Gruppe, Schreibunterlage, Schreibzeug, Kreide
Verlauf: Setzen Sie sich mit dem zuständigen Revierförster in Verbindung, und lassen Sie sich von ihm ein Waldstück zeigen, das zur Durchforstung ansteht. Grenzen Sie eine Fläche von etwa 50 × 50 Meter gut erkennbar ab; numerieren Sie alle auf dieser Fläche stehenden Bäume, und halten Sie die Standorte mit Nummern in einer Skizze (Bestandskarte) fest.
Besprechen Sie mit Ihren Kindern auffällige Wuchsformen einzelner Bäume, die der Forstmann entfernen lassen wird. Warum wohl gerade diese? Nachstehende Begriffe helfen Ihnen, die richtige Antwort zu finden: Abhängigkeit, dichter Bestand, Auslese, Kampf ums Licht, Mißbildung am Stamm, Veränderung, Wechselwirkung, wertvolle, langsam wachsende Laubbäume, zurückgebliebene Bäume.
Auftrag an die Teilnehmer: Jeder vierte, fünfte oder sechste Baum des Bestandes muß entfernt werden, damit die anderen Bäume besser wachsen können! Schreibt die Nummern der Bäume auf, die ihr zum Fällen auswählen würdet, und begründet kurz eure Entscheidung. Mit Hilfe einer Strichliste werden dann jene Bäume ermittelt, die am häufigsten zum Fällen ausgesucht wurden. Schauen Sie sich diese Bäume gemeinsam an.
Vielleicht ist der Forstbeamte auch bereit, einige Bäume mit Ihnen zu entasten. Erörtern Sie im anschließenden Gespräch, was mit den abgeschnittenen Ästen geschieht. Verbrennen oder liegen lassen? Was könnte geschehen, wenn durch eine verstärkte Rückführung

(Recycling) von Altpapier weniger Holz für die Zelluloseherstellung benötigt würde?

Literatur: H. Stern u. a., *Rettet den Wald,* München 1979.

Der Natur auf der Spur im Ökosystem Wald

Lehrpfade wollen Kinder und Erwachsene in unmittelbaren Kontakt zu ausgewählten Objekten und Erscheinungen der Umwelt bringen. Die Besucher werden zum Lesen, Suchen und Erkennen angehalten. Häufig sind die Texte jedoch so umfangreich und schwer verständlich, daß das Interesse nach dem zweiten oder dritten Anlaufpunkt nachläßt.
Unsere Hilfen und Anregungen für einen eigenen »Familien-Ökopfad« geben Ihnen die Möglichkeit, je nach Interesse und auf spielerische Weise Neues über Ihre Umwelt zu erfahren und somit ein eigenes Wertbewußtsein zu entwickeln. Unsere Beispiele sind auf den Lebensraum Wald bezogen und lassen sich in fast jedem Wald durchführen, da sie mühelos an örtliche Besonderheiten angepaßt werden können.
Bevor Sie jedoch mit der Vorbereitung »Ihres« Pfades beginnen, kreuzen Sie diejenigen der nachstehenden Behauptungen an, die Sie für richtig halten. Wiederholen Sie das Ankreuzen, wenn Sie Ihren Pfad einmal abgegangen sind, und vergleichen Sie Ihre Ergebnisse zuerst untereinander und dann mit der Lösung, die Sie auf Seite 108 finden.

Lernen soll Spaß machen und die Lust am Entdecken und Verstehen unserer Umwelt fördern.

Was trifft zu?

Ja Nein

☐ ☐ 1. Totholz ist die Wohnung (Nistraum) für viele Kleintiere.
☐ ☐ 2. Totholz muß aus dem Wald weggeschafft werden.
☐ ☐ 3. Totholz muß im Wald liegenbleiben.
☐ ☐ 4. Totholz muß verbrannt werden.
☐ ☐ 5. Totholz gibt Lebewesen, wie Raupen, Käfern, Spinnen, Bakterien, Pilzen, Moos und Flechten, Nahrung; sie zersetzen dabei das Holz.
☐ ☐ 6. Lebewesen, wie Raupen, Käfer, Spinnen, Bakterien, Pilze, Moos und Flechten, sind überflüssig.
☐ ☐ 7. Wir brauchen Lebewesen, wie Raupen, Käfer, Spinnen, Bakterien, Pilze, Moos und Flechten, weil sie im Wald das Totholz zersetzen und wieder in Nährstoffe umwandeln.

☐ ☐ 8. Lebewesen, wie Raupen, Käfer, Spinnen, Bakterien, Pilze, Moos und Flechten, die sich von Pflanzenresten ernähren, sind Schädlinge.

Material: für jeden Teilnehmer: Taschenmesser, Pinzette, Lupe, Bleistift, Notizblock; für die Gruppe: Zollstock, 25-Meter-Schnur (in Meterabstand markiert), Tesafilm, Lackmuspapier, ein Stück Zucker, Schreibunterlage, Filzstifte, Baumscheiben mit gut erkennbaren Jahresringen, ein Exemplar *Brevier für Waldwanderer*, hrsg. von der Schutzgemeinschaft Deutscher Wald.

Wald kann ohne Menschen leben, der Mensch aber nicht ohne den Wald.

Auch Bäumen drohen Gefahren

Verlauf: Suchen Sie mit Ihren Kindern Plätze, wo der Wind, der Blitz, das Hochwasser oder ein anderes Ereignis Bäume umgeworfen oder zerstört hat. Sie sollten sich Zeit zum Verweilen nehmen und anregen, sich eine Geschichte über das Ereignis auszudenken. Realität und Phantasie können sich dabei vermischen.

Geheimnis eines Baumstumpfes

Verlauf: Suchen Sie einen verrotteten Baumstumpf, und untersuchen Sie ihn genau. Mit Hilfe Ihrer Fingerspitzen, einer Lupe und einer Pinzette werden Sie erstaunliche Dinge entdecken.

Ein solcher Stumpf ist mit einem Hochhaus vergleichbar: mit verschiedenen Stockwerken und Bewohnern, mit Sonnen- und Schattenseiten.
All Ihre Entdeckungen können Sie mit den Kindern in einem »Ökopfad-Heft« festhalten.

Totholz – Beispiel eines intakten Stoffkreislaufs
Die Menschen stören immer häufiger die Kreisläufe in der Natur, beispielsweise durch die von ihnen erzeugten Schadstoffe in der Luft, die Pflanzen und Tiere sterben lassen. Heute sterben ganze Wälder. Gestörte Kreisläufe wirken aber auf den Menschen zurück!

Auch Totholz lebt!
Totholz gewährt Ihnen interessante Einblicke in den Stoffkreislauf. Nur ein Teil der Vorgänge ist für uns sichtbar und zu erkennen. Vergleichen Sie hierzu die Abbildung über den Nährstoffkreislauf, und lesen Sie den Kurztext *Totholz lebt* auf den Seiten 67/68. Kreisläufe in der Natur sind in Wirklichkeit komplexer und weniger leicht zu durchschauen. Kontrollieren Sie sich selber anhand der Abbildung auf Seite 69.

Recycling im Wald

Wußten Sie, daß jährlich je Hektar Nadelwald etwa vier Milliarden Nadeln zu Boden fallen? Die Wälder würden in ihrem eigenen »Abfall« ersticken, wenn nicht Zersetzer ihn in Humus umwandeln und so den Bäumen die zum Wachstum notwendigen Nährstoffe liefern würden. Die Arbeit dieser Zersetzer können Sie besonders an den »Fraßbildern« von Blättern erkennen.
Fensterfraß: Das Blatt hat rundliche, kleine Löcher. Mögliche Verursacher: kleine Zweiflüglerlarven.
Kästchenfraß: Die Blattunterseite ist stellenweise zerstört; die obere, härtere Blattseite bleibt stehen. Mögliche Verursacher: Milben, Springschwänze.
Lochfraß: Das Blatt hat größere Löcher; nur die großen Blattrippen bleiben stehen. Mögliche Verursacher: Schnecken.
Suchen Sie Blätter mit Fenster-, Kästchen- und Lochfraß und kleben Sie sie in Ihr Ökopfad-Heft.

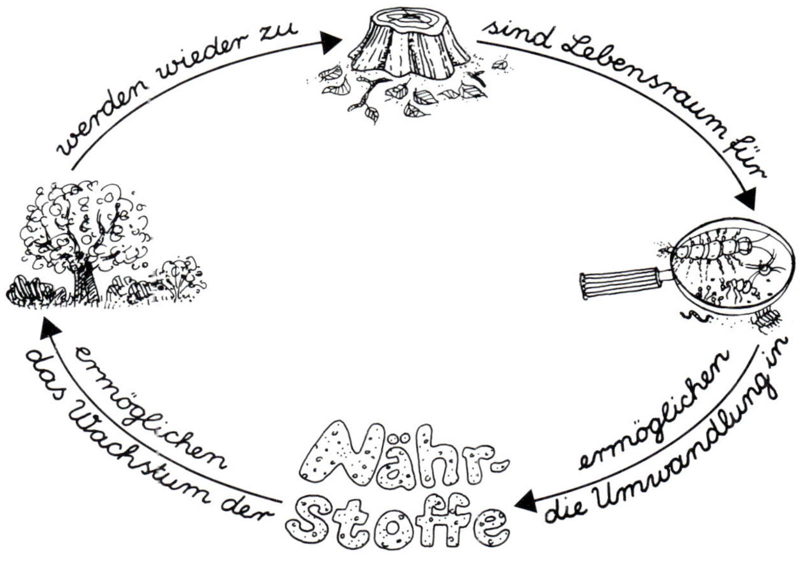

Bäume wachsen unterschiedlich hoch

Sie haben sicher schon vor einem großen Baum gestanden und überlegt, ob er 30, 40 oder 50 m hoch ist. Der Forstmann mißt die Höhe mit einem speziellen Gerät. Er kann dann die Holzmenge eines Stammes errechnen.

Absicht: einen einfachen »Höhenmesser« herstellen

Material: ein 80 cm langer Stock, Zollstock und Meßschnur

Verlauf: Messen Sie von der Stockspitze (b) 80 Zentimeter ab, und markieren Sie den Punkt (a) am Stock (Kerbe, Nagel). Messen Sie dann von Punkt (a) in Richtung Stockspitze acht Zentimeter, und markieren Sie diesen Punkt (c) ebenfalls. Halten

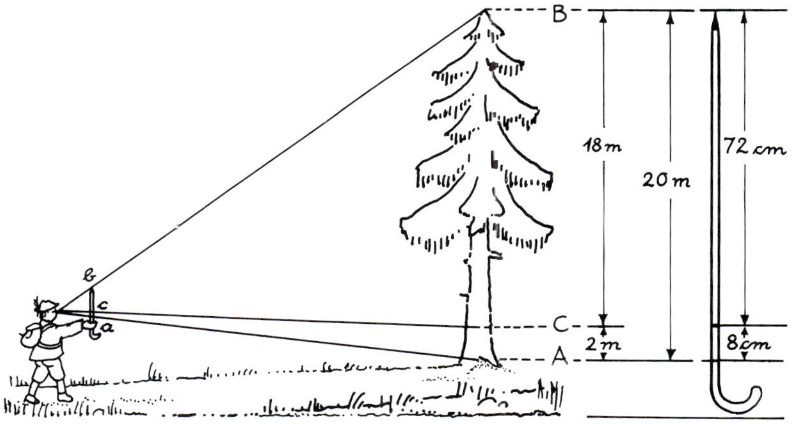

Sie beim Messen der Baumhöhe den Stock mit ausgestrecktem Arm senkrecht mit der Spitze nach oben. Suchen Sie den richtigen Abstand vom Baum, damit über die Stockspitze (b) die Baumspitze (B) und über die Stockmarke (a) der Fuß des Baumstammes (A) angepeilt werden kann; danach peilen Sie über die Stockmarke (c) den Baumstamm an und merken sich diese Stelle (C) am Stamm (Kreise, Ästchen). Messen Sie genau die Strecke A–C. Dieser Wert, mit zehn multipliziert, ergibt die Gesamthöhe des Baumes. Durchschnittliche Höhe von Bäumen nach 120 Jahren (in Metern): Rotbuche: 30; Stieleiche: 40; Kiefer: 48; Tanne: 50; Fichte: 60. Sie können sicherlich Fichte, Kiefer, Buche und Eiche – die vier in den Wäldern Mitteleuropas am häufigsten vorkommenden Baumarten – unterscheiden. Wie ist das bei Ihren Kindern?

Rinden nur von gefällten Bäumen nehmen oder vom Boden aufheben!

Lassen Sie zu jeder Art ein Blatt bzw. einige Nadeln und ein Stück Rinde suchen, zuordnen und in das Ökopfad-Heft einkleben.

Bäume stehen unterschiedlich dicht

Auf Ihren Spaziergängen und Wanderungen kommen Sie sicherlich an unterschiedlich dicht bewachsenen Waldstücken vorüber. Grenzen Sie mit Ihren Kindern einen kleinen Teil einer jungen Schonung – etwa 4 × 4 m – durch eine Schnur ab. Zählen Sie die Bäumchen auf diesem Stück. Sie können auch Anzahl und Verteilung für Ihr Öko-Pfad-Heft aufzeichnen.
In einem Waldstück mit älteren Bäumen – die Sie beispielsweise mit drei oder vier Händen umspannen können – lassen Sie eine gleich große Fläche abgrenzen, die Bäume zählen sowie Anzahl und Verteilung aufmalen. Was ist hier anders und warum?

Wie alt ist dieser Baum?

Wenn Sie schätzen sollten, wie alt Kiefern, Fichten oder Tannen im Durchschnitt werden können, kämen Sie dann auf 600 Jahre? In unseren Wirtschaftswäldern werden sie jedoch kaum älter als 80 oder 100 Jahre. Suchen Sie mit Ihren Kindern ein Waldstück auf, in dem frisch geschlagene Kiefern oder Lärchen liegen. Auf der Schnittfläche erkennen Sie helle und dunkle, breite und schmale Ringe. Die einen wachsen im Frühjahr, die anderen im Sommer. Ein heller und ein dunkler Ring entsprechen zusammen einem Wachstumsjahr. Die Ringe zeigen auch Krankheiten und Katastrophen (Blitz) an, die der Baum überstanden hat. Haben Sie schon einmal versucht, durch

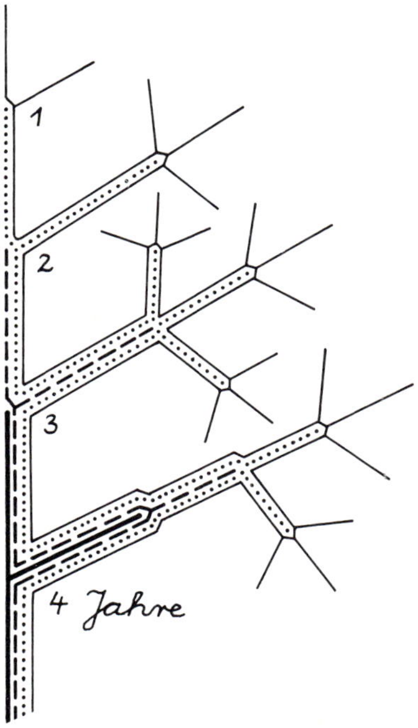

Auszählen der Jahresringe das Alter zu bestimmen? Mit Hilfe von Papier und Bleistift ist es ganz einfach.
Bei der Altersbestimmung müssen Sie berücksichtigen, daß der Baum in den ersten zwei bis vier Lebensjahren keine Ringe ausbildet.

Zusatzaufgabe
Suchen Sie im Wald eine Stelle, wo die Wurzeln eines Baumes freiliegen. Ist es eines der beiden abgebildeten Wurzelwerke?
Über die Wurzeln nehmen die Pflanzen die Nährstoffe auf, die sie für das Wachstum benötigen. Die Lebensbedingungen (Bodenart, Bodenstärke, Feuchtigkeit) beeinflussen die Wurzelbildung. Ein und dieselbe Art kann deshalb an verschiedenen Standorten unterschiedliche Wurzelwerke bilden. So entwickelt z. B. die Fichte auf einem gut durchlüfteten Boden Senkerwurzeln, auf einem sehr feuchten Boden dagegen ein flaches Wurzelwerk.

Totholz lebt
»Ungepflegte« Wälder findet man bei uns nur noch in Naturwald-Reservaten. Vielleicht hier und da auch noch in einem kleinflächigen Bauernwald. Totholz widerspricht der ordnungsgemäßen Forstwirtschaft. Die einfache Wahrheit, daß in der Natur Tod zugleich Leben bedeutet, bleibt im deutschen Wald weitgehend unbeachtet. Wie die Natur »arbeitet«, zeigen Baumstümpfe: Frische Stümpfe werden zunächst von Bock- und Borkenkäferlarven besiedelt. Ihnen folgen Ameisenbuntkäfer und Riesenholzschlupfwespen, deren Hauptnahrung die Larven der Holzwespen sind. Verlassene Bohrgänge dienen Löcherbienen sowie einer Anzahl von Wespenarten als Nistraum. Ferner können sich in den Feuchtigkeit haltenden Röhren verschiedene Pilzarten ansiedeln. Haben Witterung und Kleinlebewesen die Rinde abgelöst, greifen Fadenwürmer, Springschwänze, Milben, verschiedene Würmer sowie Käferlarven an. In diesem Stadium des Zerfalls kann das Holz sehr viel Regenwasser speichern und ermöglicht das Aufkommen von Blau- und Grünalgen. Auch Flechten gedeihen gut. Sie bieten den Schnecken Nahrung. Der Kot der Schnecken ermöglicht das Mooswachstum. Die Moosfauna, die sich nun aufbauen kann, besteht aus Räder- und Bärtierchen, Fadenwürmern und Amöben. Die Moospolster halten das Wasser und schaffen so den Milben und Springschwänzen die notwendigen Bedingungen zur massenhaften Vermehrung. Deren Tätigkeit – im

Die Natur, nicht der Mensch sollte die Dauer eines Baumlebens bestimmen!

wesentlichen ihre Verdauung – erzeugt lockere Baumerde. Nun finden sich auch Humusbildner wie der Regenwurm ein. Hirschkäfer, Nashornkäfer, Rosenkäfer und Mulmbock erobern das Totholz. Nach zehn bis fünfzehn Jahren ist der Holzstumpf vollständig abgebaut. Er ist in Nährstoffe umgewandelt, die neuem Leben dienen.

Im polnischen Nationalpark von Bialowieza hat man im Holzmulm rund 3000 Käferarten nachgewiesen; das ist mehr als die Hälfte der gesamten Käferfauna Mitteleuropas! So viel Leben ist möglich, wenn man Holz einfach in Ruhe sterben läßt.

(nach: Peter Miotk, *Totholz lebt,* in: *Natur* 2/1982)

Einem »sauberen« Wald werden wertvolle Nährstoffe vom Menschen genommen.

Natur lebt in Kreisläufen und vom Recycling

Die organischen und anorganischen Stoffe des Lebensraumes befinden sich in ständiger Umsetzung. Pflanzen brauchen – wie Menschen und Tiere – zum Leben Nahrung. Sie benötigen Wasser und Mineralsalze, die im Boden vorhanden sein müssen.

Damit die Pflanze sie über die Wurzeln aufnehmen kann, müssen die Nährsalze zuvor in Wasser aufgelöst werden. Weil über die Blattoberfläche viel Wasser verdunstet, entsteht in den Leitungsbahnen der Pflanze ein Sog, durch den Wasser und Nährsalze bis in die Blätter gelangen. Hier werden mit Hilfe der Sonnenenergie die notwendigen Nährstoffe – Fette, Zucker, Eiweiß und Stärke hergestellt. Milliarden von »Zellkraftwerken« leisten diese Arbeit. Bei diesem Vorgang wird Sauerstoff in die Atmosphäre abgegeben.

Die Pflanzen nehmen aber auch über die Poren an der Unterseite ihrer Blätter Kohlendioxyd auf – ein Gas, das Menschen und Tiere ausatmen. Im Herbst stellen viele Pflanzen ihren Stoffwechsel ein. Sobald wichtige Nährstoffe im Stamm und/oder in den Wurzeln gespeichert sind, werden die Blätter abgeworfen.

Pilze, Bakterien, Regenwürmer und andere Lebewesen zersetzen die Blätter; so werden die darin gebundenen mineralischen Nährstoffe frei. Auf diese Weise werden etwa drei Viertel der Nährstoffe für das Wachsen aufbereitet.

Kontrollieren Sie, ob Ihnen die Vorgänge in der Grafik gegenüber verständlich sind. Versuchen Sie, die darunter stehenden Begriffe an die richtige Stelle zu setzen (Lösung auf Seite 108).

Natürliche Wälder, die auch ohne menschliche Eingriffe wachsen, sind arten- und abwechslungsreicher als die wirtschaftlich genutzten »Stangenfabriken«. Aber auch auf Wiesen und in Gärten können wir der Natur mehr Raum geben.

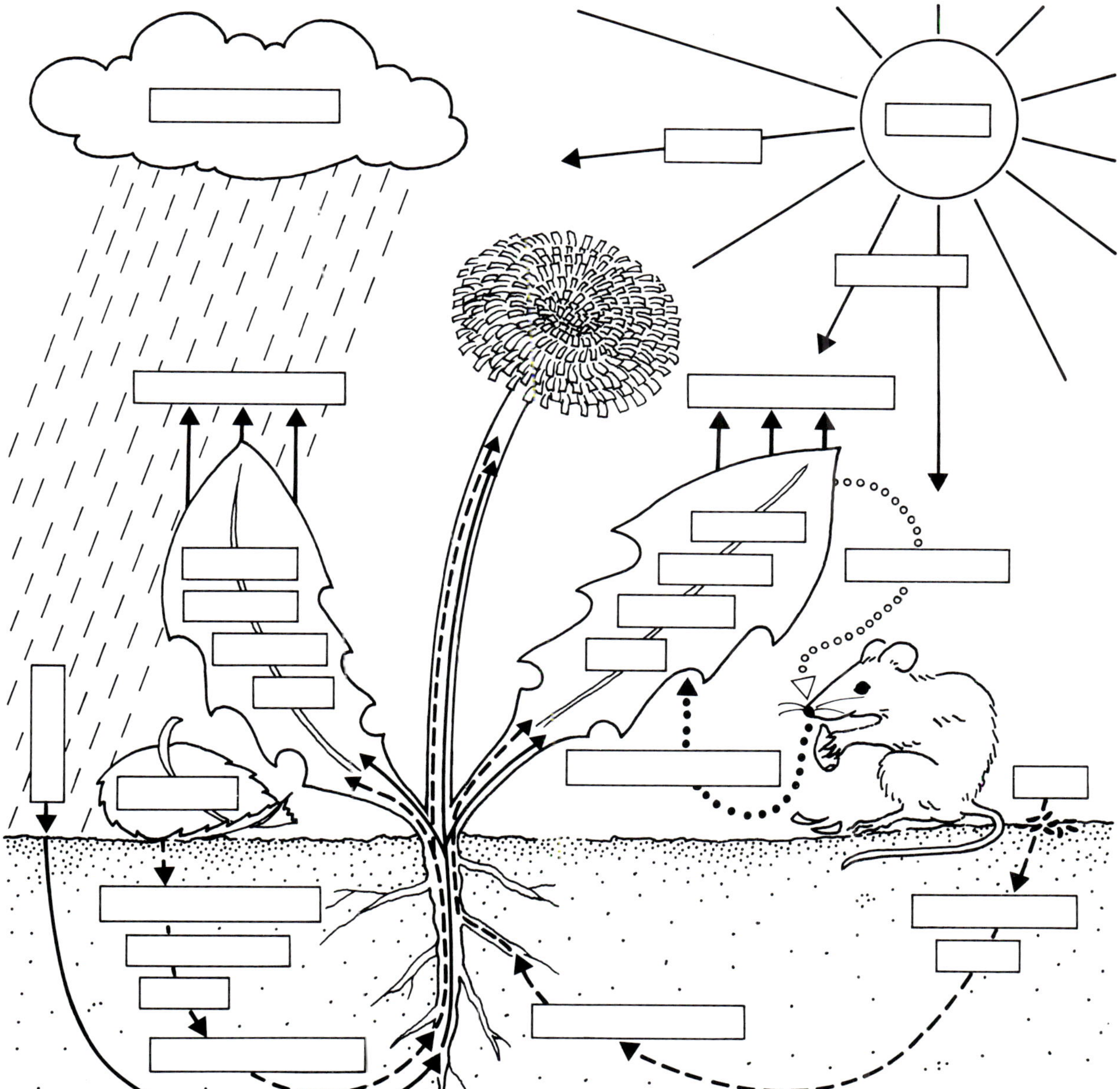

Bakterien - Bakterien - Blätter - Eiweiß - Eiweiß - Fett - Fett - Kohlendioxyd - Kot - Licht - Mineralsalze - Mineralsalze - Pilze - Pilze - Regenwolke - Regenwürmer - Sauerstoff - Sonne - Stärke - Stärke - Verdunstung - Verdunstung - Wärme - Wasser - Zucker - Zucker

Ein Waldrätsel

1. Sind Nahrung und Wohnung für Bakterien, Pilze, Moos und Kleintiere.
2. Entsteht als »Abfall« durch die Arbeit von Bakterien, Pilzen und Kleintieren.
3. Sollen im Wald liegenbleiben und nicht verbrannt werden.
4. Wenn sie trockengelegt werden, geraten viele Tier- und Pflanzenarten in Gefahr auszusterben.
5. Baumstümpfe geben Bakterien, Pilzen, Moosen und Kleintieren nicht nur Nahrung, sondern auch ...
6. Eine der Grundlagen des Lebens auf der Erde.
7. Soll Ameisennester schützen, stört aber auch das Gleichgewicht der Natur.
8. Verraten vieles aus der Lebensgeschichte eines Baumes.
9. Halten auf ihre Weise »Ordnung« im Walde.
10. Blätter werden von Insekten, Insektenlarven von Ameisen, Ameisen von Vögeln (Specht) gefressen; diese Reihenfolge hat einen ganz bestimmten Namen ...
11. Erfüllt für den Menschen wichtige Schutz-, Erholungs- und Nutzungsaufgaben.
12. In der Natur wird alles weiterverwendet; wie nennt man diesen wichtigen Vorgang?
13. Werden von Kleintieren, Bakterien und Pilzen in Boden umgewandelt.
14. Finden in Ästen, Baumstümpfen, Blättern und Nadeln ihre Nahrung.
15. In der Natur gibt es nur einen Schädling. Wie heißt er?

Nicht auf das schnelle, sondern auf das richtige Beantworten kommt es an.

Die Buchstaben in den dick umrandeten Feldern ergeben – von oben nach unten gelesen – einen Satz, der eine wichtige Information mitteilt (Lösung auf Seite 108).

Anmerkung: Die Umlaute »ä« und »ü« werden im Rätsel »ae« bzw. »ue« geschrieben.

Ein Waldrätsel

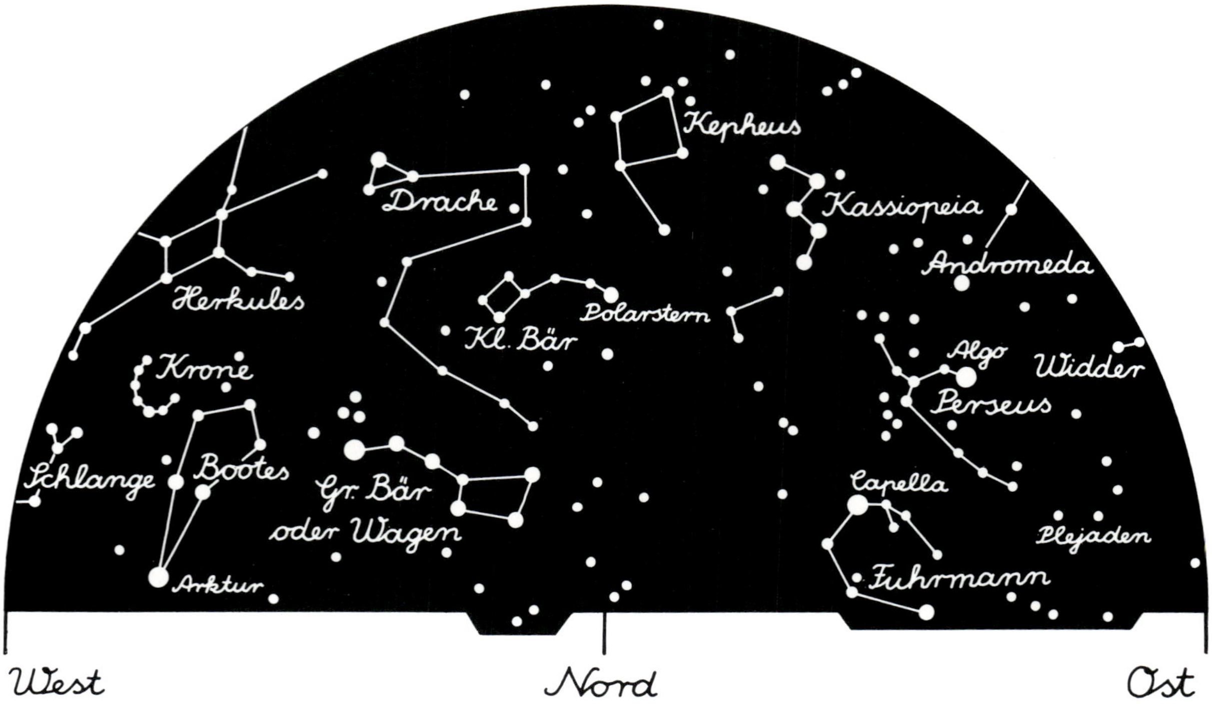

Nachts unterwegs – Erlebnis und Abenteuer

Wenn möglich, sollten Sie mit Kindern eine Nachtwanderung unternehmen.

Absicht: Das Wahrnehmungsvermögen durch Hör-, Fühl-, Riech- und Sehübungen schärfen sowie die Nacht als ein natürliches Element der Umwelt erleben, vor dem man sich nicht zu fürchten braucht

Teilnehmer: beliebig viele Gruppen mit je zwei bis höchstens acht Teilnehmern; jede Gruppe geht für sich allein

Dauer: nicht länger als eineinhalb bis zweieinhalb Stunden

Material: Taschenlampe und Uhr für den Leiter jeder Gruppe (die anderen dürfen keine Taschenlampen mitnehmen!), feste Schuhe; Kleidung nach Witterung (möglichst lange Hose und Pullover), nach Bedarf Material für Einstimmungsübungen und spezielle Aktivitäten

Ort: Die Route sollte einen schmalen Weg entlang führen, den die Gruppe im Gänsemarsch gehen muß; der Weg muß den Gruppenleitern bekannt sein. Auf einem Vorbereitungsgang erkunden und wählen Sie Haltepunkte aus und überlegen, was Sie

Entscheidend für den Erfolg: Allen muß bewußt werden, daß eine Nachtwanderung keine Gaudi, sondern Gelegenheit für besondere Umwelterlebnisse ist.

an diesen Plätzen tun wollen und welche Dinge Sie für die Wahrnehmungsübungen (vgl. Seite 19–26) benötigen. Entlang der Route darf es keine gefährlichen Stellen wie steile Böschungen oder tiefe Gräben geben. Vor kleinen Hindernissen wie querliegenden Baumstämmen, schmalen Gräben, morastigen Stellen etc. warnt der Leiter. Wenn möglich, sollte der Weg durch verschiedene Gebiete wie Felder, Wälder und Uferzonen führen, um Gelegenheit zu unterschiedlichsten Erfahrungen zu geben.

Verlauf: Vor der Nachtwanderung wird mit den Teilnehmern über Ablauf, Dauer und Sinn des geplanten Vorhabens gesprochen, wobei auch gemeinsam Verhaltensregeln aufgestellt werden sollten. Stille gilt als oberstes Gebot. Gesprochen wird nur im Flüsterton. Man kann auch über mögliche Ängste sprechen.

Die Nachtwanderung sollte immer – auch bei »nachterfahrenen« Gruppen – in der Dämmerung begonnen werden, um die Teilnehmer auf die Situation einzustimmen. Eine entsprechende Übung kann die Teilnehmer zur Ruhe bringen und zu verstärkter Aufmerksamkeit führen, um optimale Voraussetzungen für das Wahrnehmen zu schaffen. Nach unseren Erfahrungen eignet sich hierfür besonders die auf Seite 19 beschriebene Startaktivität. Auch hier sollte man sich so leise wie möglich verhalten.

Zur Nachtwanderung starten die Gruppen in Abständen von drei bis vier Minuten. Der Leiter wird ein Auflaufen zur Vordergruppe durch Warten oder Einschieben einer Übung vermeiden.

Die Wanderung kann auch einmal ein kurzes Stück abseits des Weges verlaufen: Das schärft und fordert die Sinnesorgane. Es empfiehlt sich, während oder am Ende dieses nur wenige Minuten dauernden »Abstechers« den Teilnehmern Gelegenheit zu geben, sich über ihre Gefühle, Ängste und Wünsche zu äußern.

Die Nachtwanderung kann auch mit einer »Mutprobe« verbunden werden. Kein Teilnehmer darf aber dazu gezwungen oder dabei überfordert werden. Die »Mutprobe« kann darin bestehen, allein oder zu zweit für fünf bis sechs Minuten an einem Platz zu verweilen: beispielsweise an einen Baumstamm gelehnt – mit dem Auftrag, über die Sinnesorgane Informationen aus der Umgebung aufzunehmen oder ganz einfach seinen Gedanken nachzuhängen. Eine »Mutprobe« könnte es aber auch sein, auf einem Waldpfad einige hundert Meter allein zu gehen.

Im allgemeinen ist es nicht möglich, nachts Wild zu beobachten. Mit Hilfe einer Taschenlampe und eines weißen Lakens kann aber demonstriert werden, daß auch die Nacht nicht ohne Leben ist. Auf das angeleuchtete Tuch werden beispielsweise Nachtfalter zufliegen.

Wichtig! Im Anschluß an die Wanderung müssen die wirklichen und scheinbaren Erlebnisse aufgearbeitet werden. Die Teilnehmer sollen Gelegenheit haben, über ihre persönliche Situation, ihre Gefühle sprechen zu können. Dabei können Ängste und Fehlvorstellungen abgebaut werden. Wenn die Teilnehmer es wollen, können sie ihre Erfahrungen und Erlebnisse in Text oder Bild festhalten.

Versuchen Sie, mit allen Sinnen wahrzunehmen; lassen Sie sich viel Zeit!

Übungen während einer Nachtwanderung

Hören: Wind in Bäumen und Büschen; Vogelstimmen; fließendes Wasser (mit Abschätzen der Gewässerbreite, Wassertiefe, Bettbeschaffenheit); Stimmen anderer Leute bzw. Teilnehmer; Flugzeug und Auto; knackende Äste; einer Stimme nachgehen; nachgeahmte Geräusche unterscheiden und gruppieren (natürliche und vom Menschen stammende Geräusche).

Bei diesen Übungen sollten sich die Teilnehmer in einem engen Kreis hinsetzen oder hinhocken und dann lauschen. Auch stabile Jagdhochsitze können geeignete Hörplätze sein.

Riechen: verschiedene Böden; Nachtluft; verschiedene Blätter und Nadeln; Rauch; Baumrinde; Blätter und Nadeln zwischen den Fingern zerreiben; moderndes Holz; Pflanzen (nicht abreißen!).

Tasten: Fichten und Kiefernstamm (Harz), Buche (kein Harz); Zapfen suchen und betasten und eventuell eine Geschichte erfinden; Baumstämme umfassen und Umfang und Stärke schätzen; etwas mit den Füßen ertasten, wenn es stockdunkel ist; Schlamm; Moose; Struktur von Steinen, Rinden u. a.; Wasser- und Bodentemperatur; Temperatur an unterschiedlichen Plätzen, beispielsweise im Feld, im Wald und an Gewässern, schätzen.

Sehen: Obwohl das Sehvermögen nachts stark eingeschränkt ist, kann man auch in der dunkelsten Nacht sehen: Sterne und Sternbilder; Mondgestalt; Schatten im Mondlicht; Baumsilhouetten; längs eines Baumstammes zur Krone schauen und sich dabei eng nebeneinander stellen, die Hände eventuell auf die Schultern der Nachbarn legen; Tiere (z. B. Nachtfalter an angeleuchtetem Bettlaken); Lichter von Häusern und Autos.

Sternbilder – Orientierungshilfe und Mythen

Auf der nördlichen Erdhalbkugel können wir nur die Sterne am nördlichen Sternenhimmel beobachten. Man unterscheidet Wandelsterne – das sind Sterne, die ihre Stellung zueinander

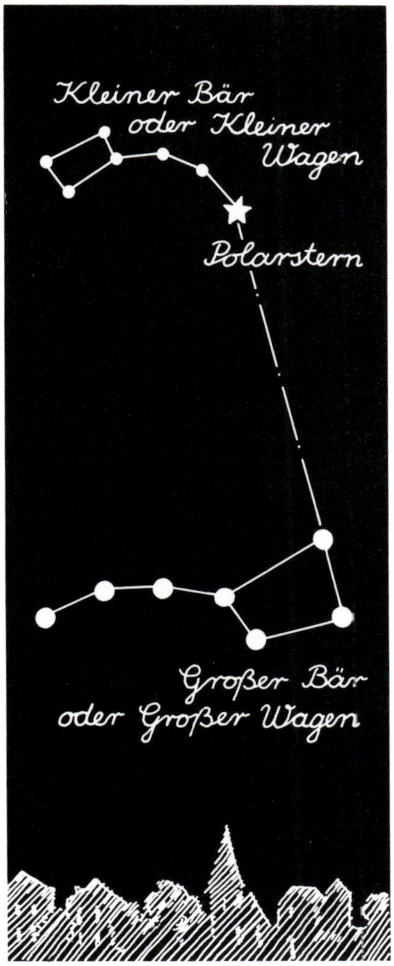

laufend verändern –, von Fixsternen, die ihre Lage zueinander beibehalten. Um sich am Himmel besser zurechtfinden zu können, haben die Menschen schon sehr früh die Fixsterne zu Sternbildern zusammengefaßt.

Auf der Nordhalbkugel der Erde orientieren wir uns am besten mit Hilfe des Polarsterns. Er steht jede Nacht genau über dem Nordpunkt des Horizontes. Die Sternbilder der näheren Umgebung des Polarsterns umkreisen ihn scheinbar, sinken aber nie unter den Horizont ab. Eines davon ist der Große Wagen, auch Großer Bär genannt, der durch seine auffallend hellen Sterne in der Anordnung eines Wagens sehr deutlich zu erkennen ist. Verlängert man die Hinterachse des Wagens um das Vierfache nach oben, stößt man auf den Polarstern, der wiederum selbst zum Sternbild des Kleinen Wagens zählt. In einer langen Sternenkette schlängelt sich der sagenumwobene Drache um den Polarstern, und nicht weit davon entfernt erkennen wir das markante Himmels-W, die Kassiopeia. Auffallend helle Sterne findet man im bekanntesten Wintersternbild, dem Orion. Eine weitere sehr bekannte Sterngruppe setzt sich aus Pegasus, Andromeda, Perseus und Cepheus zusammen.

Die Tierkreiszeichen liegen auf einer bestimmten Kreisbahn, die durch den Jahreslauf der Sonne am Himmel bestimmt ist. Es handelt sich hier um einen scheinbaren Vollkreis um das gesamte Himmelsgewölbe. In Wirklichkeit bewegt sich die Erde im Laufe eines Jahres auf einer elliptischen Bahn um die Sonne. Von unserem Standpunkt aus scheint sich die Sonne zu bewegen. Innerhalb von zwölf Monaten durchwandert sie auf einer Kreisbahn zwölf Sternbilder, die uns als Tierkreiszeichen bekannt sind.

Am Himmel können bläulich-weiße (Sirius im Großen Hund), gelbliche (Polarstern im Kleinen Wagen) und rötliche (Aldebaran im Stier, Antares im Skorpion) Sterne beobachtet werden. Wenn nicht eine Farbfälschung vorliegt, beispielsweise durch die Erdatmosphäre in Horizontnähe, lassen sich aus der Farbe Rückschlüsse auf die Oberflächentemperatur und das Alter eines Sternes ziehen.

Wir orientieren uns mit Hilfe der Sterne

Absicht: Ziel dieser Übung ist es,

▷ Sternbilder am Himmel zu entdecken und zu bestimmen,

▷ sich mit Hilfe von Sternen zu orientieren,

▷ die Bedeutung von Sternbildern für unsere Vorfahren zu begreifen,

▷ am nächtlichen Sternenhimmel Gefallen zu finden.

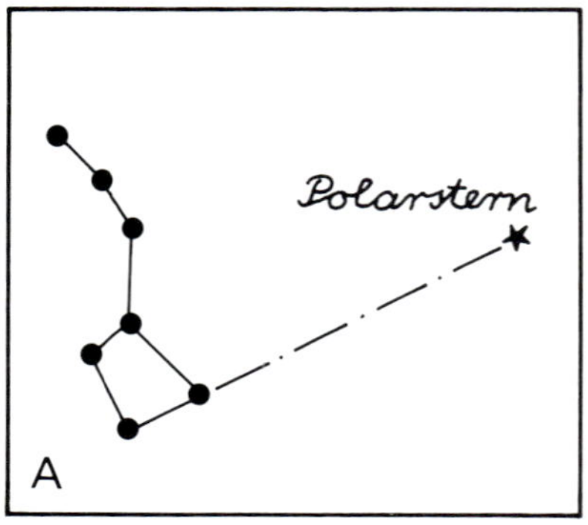

A

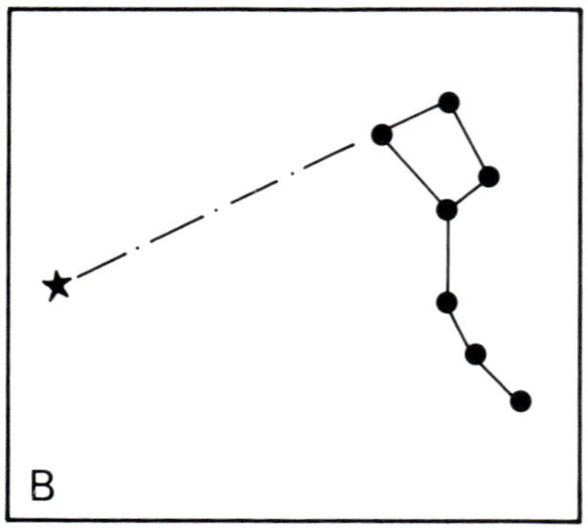
B

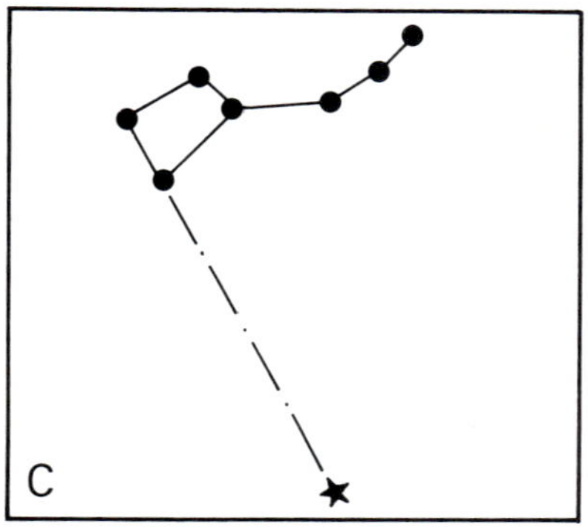
C

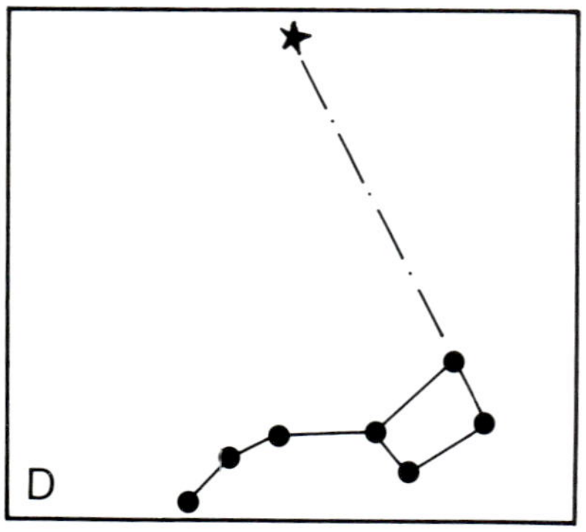
D

Material: starke Taschenlampe mit Rotfilter als »Zeigestock«, Sternkarte der nördlichen Halbkugel, Fotoapparat mit Einstellung B (offene Blende), Auslöser, standfestes Stativ, Fernglas mit Klemme für Stativ, Kompaß

Verlauf: Zu Beginn müssen sich die Teilnehmer mit einigen Sternen und Sternbildern vertraut machen, um so eine gemeinsame Grundlage zu haben. Erst danach kann man Himmelsbeobachtungen durchführen. Am besten eignen sich dazu sternklare Nächte, möglichst nicht in der Zeit des Vollmondes. Wenn die Sternbilder erkannt und benannt worden sind, können Geschichten aus der Mythologie der Germanen oder Griechen erzählt werden.

Der »Große Bär« oder »Große Wagen« ist am klaren Abendhimmel leicht zu entdecken. Die Namen lassen sich ohne Mühe erklären. Mit Hilfe dieses Sternbildes finden wir auch den Polarstern, der immer fast genau im Norden steht. Man braucht nur die Hinterachse des »Großen Wagens« viermal zu verlängern.

Alle Sterne und Sternbilder in der Nähe des Polarsternes scheinen sich im Verlauf eines Jahres um den Polarstern zu drehen. Wir sehen deshalb den »Großen Wagen« zu verschiedenen Jahreszeiten in verschiedenen Stellungen am Himmel (siehe nebenstehende Abbildungen). Drehen Sie die Sternkarte so, daß die Angabe der Jahreszeit immer unten steht.

Prüfen Sie sich selber! Zu welcher Jahreszeit stehen »Großer Wagen« und Polarstern so zueinander? (Die Lösung finden Sie auf Seite 108.)

Mit einer auf einem standfesten Stativ montierten Kamera mit offener Blende und lichtempfindlichem Film lassen sich nicht nur Aufnahmen vom Sternenhimmel machen, sondern mit Dauerbelichtung (einige Stunden) auch die Drehbewegungen der Sterne um den Himmelspol nachweisen. Die Kamera sollte auf die Sterne des »Kleinen Wagens« mit dem Polarstern gerichtet werden.

Großer und Kleiner Bär

In grauer Vorzeit lebte in Griechenland die wunderschöne Nymphe Callistro. Sie war so anmutig, daß sich Zeus in sie verliebte. Es dauerte nicht lange, und Callistro gebar einen Jungen, den sie Arkas nannte. Als Hera – die Gemahlin des Zeus – davon erfuhr, wurde sie furchtbar eifersüchtig und sann auf Rache. Um seine Geliebte vor dem Zorn seiner Ehefrau zu schützen, verwandelte Zeus Callistro in eine Bärin, die fortan im Wald leben mußte. Eines Tages, als sich der herangewachsene Arkas auf der Jagd befand, verfolgte er, ohne es zu wissen, seine eigene Mutter. Zeus

Milliarden Sterne sind Teil unserer Umwelt. Beobachtungen des Sternenhimmels können uns das Staunen lehren. Reizvoll und spannend für die ganze Familie kann es sein, ein Foto zu machen, das die tägliche Drehung der Erde um den Himmelspol erkennbar macht.

konnte Callistro im letzten Augenblick vor dem Tode bewahren, indem er seinen Sohn ebenfalls in einen Bären verwandelte und ihn als Sternbild an den Himmel versetzte. Seit diesem Tag umkreist er als »Kleiner Bär« den Polarstern.

Hera jedoch wurde immer zorniger. Sie beauftragte schließlich die Göttin der Jagd, Callistro zu töten. Doch Zeus verhinderte auch diesen Anschlag, indem er Callistro nahe ihrem Sohn gleichfalls an den Himmel setzte. Dort umkreist sie seither als »Großer Bär« den Polarstern.

Hera konnte ihren Mißerfolg nicht überwinden. Sie bat deshalb ihren Schwager, den Meeresgott Poseidon, niemals zuzulassen, daß sich die in einen Bären verwandelte Callistro im Meer bade. Poseidon erfüllte ihr diese Bitte, so daß die Bärin immer kurz vor dem Eintauchen in das Wasser wieder aufsteigen und erneut über das Himmelsgewölbe ziehen muß.

(Weitere Sagen finden Sie in: H. Haber, *Unser Sternenhimmel;* München 1981.)

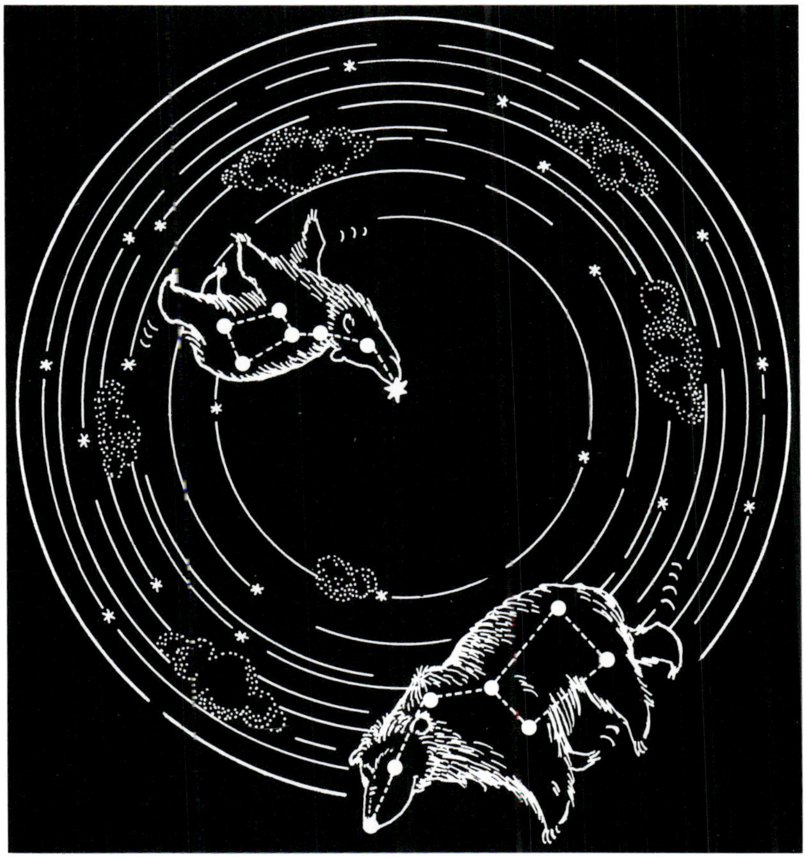

Leben paßt sich der Umwelt an

Wenn die Umwelt verändert wird, müssen sich Lebewesen anpassen, abwandern oder sterben.

Die Pflanzen, Tiere und Menschen heute sind das Ergebnis Jahrmillionen währender Umweltprozesse. In ihrem Verlauf haben sich die Lebewesen an ihre jeweiligen Umweltbedingungen durch natürliche Auslese angepaßt und weiterentwickelt, oder sie starben aus. Natürliche Auslese ist der Prozeß, der (einem Teil) einer Art das Überleben ermöglicht, weil diese Individuen sich den natürlichen Veränderungen der Umwelt schneller anpassen als andere. Unter Anpassung ist die Fähigkeit zu verstehen, sich in das komplexe Gefüge der Umwelt einzuordnen. Dieses Einordnen ist auch von der Vielfalt innerhalb einer Art abhängig. Wissenschaftler befürchten, daß der Mensch derzeit die Umwelt so rasch verändert, daß viele Arten nicht genügend Zeit zur Anpassung haben und deshalb aussterben müssen. In *GLOBAL 2000* wird die Zahl der bedrohten Arten auf 500000 (!) geschätzt (vgl. auch die Roten Listen der ausgestorbenen und vom Aussterben bedrohten Tiere).

Anpassung durch Farbe

Absicht: Erkennen der

- ▷ Bedeutung von Farbe, Ausrüstung (Werkzeug) und Gestalt der Arten für das Überleben,
- ▷ Begrenztheit der natürlichen Ressourcen eines Gebietes,
- ▷ Folgen einer zu starken Nutzung des Bodens (Überweidung),
- ▷ besonderen Stellung des Menschen, der als einzige zoologische Art seine Umwelt zerstören kann.

Leben ist etwas Beständiges und zugleich das Ergebnis einer Vielzahl von Veränderungen.

Nach den einzelnen Übungen sollen alle Teilnehmer die Prinzipien der Anpassung und der natürlichen Auslese verstehen und zum Erklären von Umweltbedingungen in ihrer Umwelt anwenden können.

Teilnehmer: je nach Größe des »Jagdgebietes« bis zu 40 Personen

Ort: je nach Übersichtlichkeit des Gebietes, nach Alter und Anzahl der Teilnehmer ein Gebiet, das zwischen 100 und 1000 Quadratmeter groß sein kann; besonders geeignet sind gemähte Wiesen oder Waldböden mit einem möglichst geringen Flächenanteil an Moosen und Kräutern; zur Abgrenzung kann man Bäume, Steine, Vegetationsgrenzen, Bachläufe und anderes mehr nutzen; es sollten keine Schnüre gespannt werden!

Material: je 100 rote, gelbe, grüne und braune (holzfarbene) Hölzchen, es können Streichhölzer oder Zahnstocher sein, die man mit Naturfarben färbt (keine Plastikstäbchen verwenden!), Pappbecher oder andere Gefäße zum Sammeln der Hölzchen, ein großer Bogen Packpapier oder ein Stück alte Tapete zum Notieren der Ergebnisse

Verlauf: Die verschiedenfarbigen Hölzchen werden vermischt und dann flächendeckend ausgestreut. Die Teilnehmer werden in zwei gleich starke Gruppen eingeteilt. Eine Gruppe sucht als Beutefänger Nahrung, die andere Gruppe (Nester) steht mit Pappbechern am Rand des Jagdgebietes und nimmt die Beute ihres Fängers entgegen. Je ein Nest und ein Fänger gehören zusammen. Jeder Fänger darf jeweils nur ein Beutetier (ein Hölzchen in einer beliebigen Farbe) greifen, um danach auf dem schnellsten Wege seine Beute zum Nest (Pappbecher) zu bringen. Es gilt, möglichst viel Nahrung zu sammeln.

Die Jagd wird zeitlich begrenzt. Für ein kleines Gebiet von etwa 100 Quadratmeter etwa zwei bis drei Minuten, für ein größeres Gebiet entsprechend länger. Beginn und Ende der Übung werden durch ein vereinbartes Zeichen bestimmt. Danach darf keine Beute mehr gesammelt werden. Jeder Fänger muß auf dem kürzesten Weg zu seinem Partner (Nest) zurück.

Auswertung: Nach der Jagd berichten die Teilnehmer einzeln, welche Farbe sie in welcher Anzahl gefunden haben. Die Fangergebnisse werden auf einem großen Bogen – für alle gut erkennbar – notiert und gemeinsam besprochen.
Es wird einsichtig werden, daß Farbe als Tarnung dienen kann und entsprechendes Anpassen an die Umweltbedingungen wichtig für das Überleben ist.
Die Jagd kann in dieser Form – je nach Alter und Interesse der Teilnehmer – ein- oder zweimal wiederholt werden.

Kein Beutegreifer kann seine Beuteart ausrotten. Die einzige Ausnahme ist der Mensch!

Achtung! Die Ergebnisse dieser Übung können eventuell zu der Annahme verleiten, daß bei fortgesetzter Auslese die weniger angepaßte Beute recht bald ausgerottet wird. In der Diskussion muß herausgearbeitet werden, daß in der vom Menschen unbeeinflußten Natur mit der Verringerung der Beute auch die Beutegreifer weniger werden und sich so die Beutepopulation wieder erholen kann. Die Anzahl der Bussarde beispielsweise wird durch die Zahl der vorhandenen Mäuse bestimmt, nicht umgekehrt.

Variationsmöglichkeiten

1. Nach jeder Jagd werden die gefundenen Hölzchen wieder im Jagdgebiet verstreut.
2. Nach der zweiten und dritten Jagd versuchen alle Teilnehmer, die nach der letzten Jagd liegengebliebenen Hölzchen zu finden.
3. Die bei jeder Jagd gefundenen Hölzchen werden durch Hölzchen jener Farbe ersetzt, die am wenigsten gefunden wurde.
   Beispiel: Wenn bei der ersten Jagd 31 rote, 0 grüne, 21 gelbe und 9 braune Hölzchen gefunden wurden (also insgesamt 61), so werden 61 Hölzchen in der Farbe wieder ausgestreut, von der am wenigsten gefunden worden sind, im Beispielsfall 61 grüne. Danach findet die zweite Jagd statt, vielleicht auch noch eine dritte und vierte. Die Ergebnisse werden besprochen. Es wird unschwer einsichtig, daß an einem ausgewählten Standort als Folge der natürlichen Auslese jene Art (Farbe) am häufigsten vorkommt, die dem Standort am besten angepaßt ist. Bei einseitigen Standortbedingungen, wie sie beispielsweise in reinen Nadel- oder Laubwäldern oder auf Mähwiesen gegeben sind, vermindert sich im Laufe der Zeit die Zahl der Arten (Farben): Zur natürlichen Auslese kommt die »unnatürliche« hinzu.

Anpassung durch Formen
Teilnehmer: beliebig viele
Ort: beliebig
Material: Trinkhalme, Pinzetten, Becher, Wasser, Sand, Reiskörner, mittelgroße Kieselsteine
Verlauf: Zur Einführung wird über die Schnäbel der Vögel als deren besondere Werkzeuge gesprochen. Nun werden verschieden geformte Schnäbel nachgeahmt, zum Beispiel ein Amselschnabel mit Hilfe von Daumen und Zeigefinger, ein Entenschnabel mit den Händen, aber ohne Daumen, mit Pinzetten ein Storchenschnabel oder mit Trinkhalmen ein Kolibrischnabel.
Mit Hilfe dieser »Schnäbel« wird versucht, »Nahrung« (Wasser, Sand, Reiskörner, Kieselsteinchen) aus einem Becher in einen anderen zu bringen.
Auswertung: Im Gespräch soll erkannt werden, daß die Vielfalt der Schnabelformen erlaubt, unterschiedliche Nahrung aufzunehmen. Verschiedene Arten können so nebeneinander im gleichen Gebiet leben, ohne miteinander in Nahrungskonkurrenz zu treten.

Unterschiedliche Schnäbel machen's möglich, nebeneinander zu leben, weil man sich nicht gegenseitig die Nahrung wegnimmt.

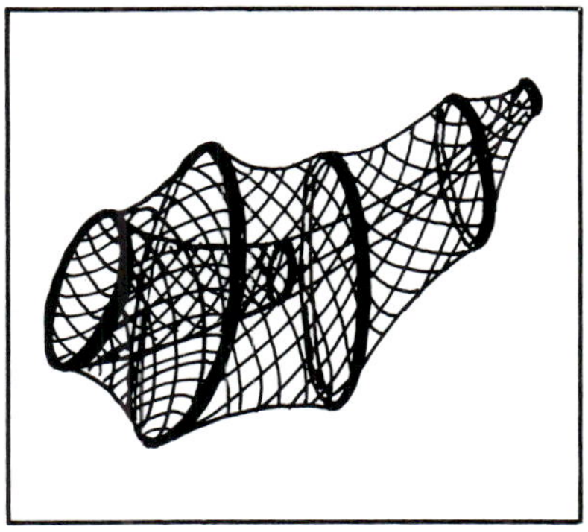

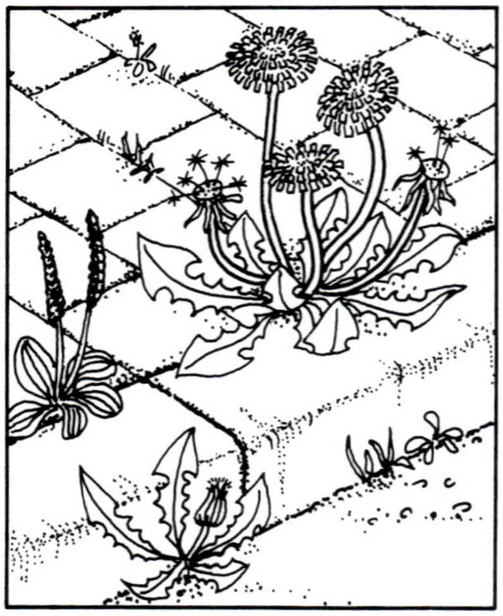

Artenvielfalt erhalten – im kleinen helfen

In Dörfern und Städten wurde in den vergangenen Jahrzehnten ein großer Teil der an Straßen- und Wegesrand, an Mauerfuß oder in Mauerritzen, Rinnstein- und Pflasterfugen lebenden wilden Pflanzen vernichtet. Eingriffe des Menschen wie beispielsweise

▷ Überbauung großer Flächen,
▷ Kanalisieren von Bächen und Flüssen,
▷ vermehrter Einsatz von Schädlings- und Unkrautbekämpfungsmitteln,
▷ Anlegen eintöniger Rasenflächen,
▷ Anpflanzen »pflegeleichter« exotischer Nadelbäume in Gärten und Parks anstelle einheimischer Stauden und Blütengehölze haben den Bestand an Wildpflanzen – auch »Unkräuter« genannt – oft großflächig eingeengt und damit den Insekten Lebensraum genommen und den Erhalt verschiedener Arten gefährdet.

Vielfalt schafft Nischen fürs Leben!

Die Bedeutung von Wildpflanzen für die heimische Tierwelt wird vielfach verkannt. So leben z. B. auf dem Wegerich 48, auf dem Löwenzahn 41 und auf der Brennessel 25 Arten von Schmetterlingsraupen. Die Blüten der Ackerkratzdistel werden von über 100 Insektenarten besucht, die dort Nektar und Pollen aufnehmen.

Nichtbewirtschaftete Flächen gelten zum Teil heute noch als sichtbarer Ausdruck unökonomischen und unästhetischen Handelns. Als wertvolle Biotope können sie jedoch den in ihrem Bestand bedrohten Tieren und Pflanzen Lebensraum bieten.

»Unkrautbeet« für Schmetterlinge

Schmetterlinge sind nicht nur von besonderer Schönheit, sie spielen auch eine wichtige Rolle bei der Bestäubung derjenigen Wildpflanzen, die wegen des Baues ihrer Blüten, ihrer langen Blütenröhre, von anderen Insekten nicht bestäubt werden können.

Lassen Sie die Natur »ins Kraut schießen«! Haben Sie Mut! Machen Sie eine kleine Fläche Ihres Gartens zum »Unkrautbeet«.

Absicht: Lebensbedingungen für Schmetterlinge, Hautflügler (u. a. Bienen) und Käfer verbessern und sichern

Verlauf: Überlassen Sie einen Teil Ihres Gartens der Natur. Organisieren Sie einen »Beobachtungsdienst«, der Veränderungen im »Unkrautbeet« in einem Umwelt-Tagebuch notiert (vgl. Seite 95). Versuchen Sie, Verwandte und Bekannte davon abzubringen, im

Ökologische Bedeutung ausgewählter Wildpflanzen im Siedlungsbereich

	Wuchsorte							Lebensform					Bedeut. für d. Menschen			Nahrung für						
																	Hautflügler		Käfer		Schmetterlinge	
	offene Böden	Mauern	Trittstellen	Säume, Wegränder	Gärten	Brachen	Wiese, Rasen	Gehölze	Lianen	Kräuter	Gräser	beerenfrüchtig	ästh. Bereicherung	Heilpflanzen	Wildgemüse, -obst	Vögel	Insekt	Larve	Insekt	Larve	Insekt	Larve
Ackerkratzdistel					▲	▲				▲						▲	▲	▲	▲	▲	▲	▲
Brombeere				▲		▲		▲				▲		▲	▲	▲	▲	▲	▲	▲	▲	▲
Efeu								▲	▲			▲	▲			▲	▲		▲	▲		▲
Gänseblümchen					▲		▲			▲			▲	▲	▲		▲		▲	▲	▲	▲
Große Brennessel				▲	▲	▲				▲			▲	▲	▲				▲	▲		▲
Großer Wegerich	▲		▲	▲	▲					▲				▲	▲	▲		▲	▲	▲		▲
Hirtentäschel	▲			▲	▲					▲					▲	▲	▲		▲	▲		
Huflattich	▲					▲				▲			▲	▲			▲		▲	▲	▲	▲
Mauerraute	▲									▲			▲									
Stumpfblättriger Ampfer				▲	▲	▲	▲			▲									▲	▲		▲
Vogelknöterich			▲	▲						▲				▲		▲			▲	▲	▲	▲
Wiesenschafgarbe				▲		▲	▲			▲			▲	▲	▲		▲		▲	▲	▲	▲

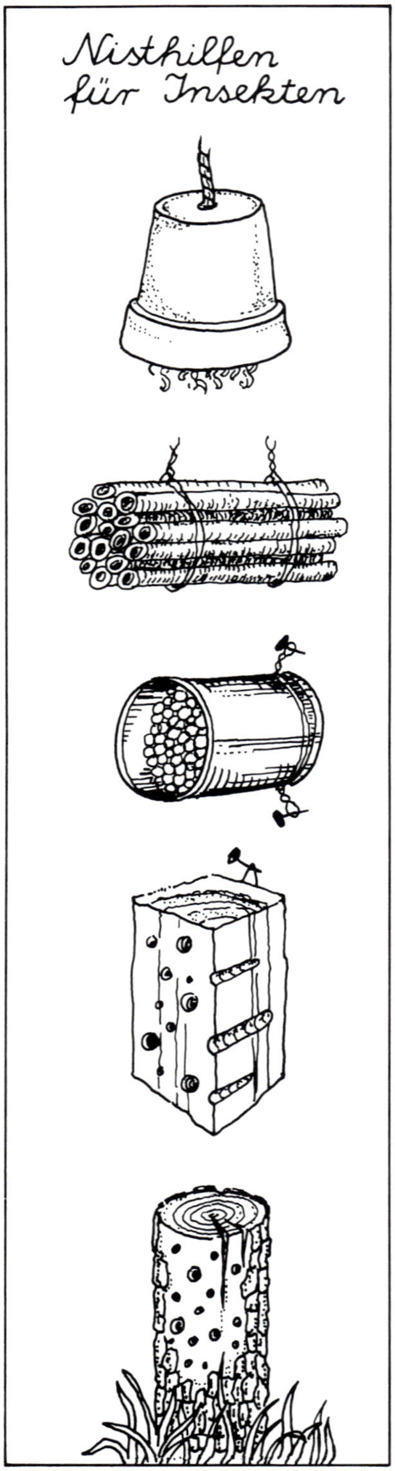

Garten chemische Bekämpfungsmittel zu verwenden; überlegen Sie, wie Sie Eigentümer von Kleinflächen (Verwandte, Gemeinde, Genossenschaft) überzeugen können, wenigstens einen Teil dieser Fläche der Natur zu überlassen und nur noch ein- oder zweimal im Jahr zu mähen.

Literatur: Herwig Klemp, *Mehr Natur in Dorf und Stadt* (veröffentlicht vom Bund für Umwelt- und Naturschutz Deutschland e. V.); Urs Schwarz, *Grün ist nicht grün,* Frankfurt/Main 1987.

Nisthilfen für Insekten

Die Hautflügler (Bienen, Wespen, Ameisen u. a.) zählen zu der drittgrößten Insektengruppe der Welt. Allein in Mitteleuropa gibt es rund 10000 Arten. Nur wenige von ihnen (wie z. B. einige Blattwespenarten) können in Monokulturen – in großen Feldern mit nur einer Nutzpflanze – zu Schädlingen werden. Die meisten, wie z. B. die unzähligen Schlupfwespen, leisten unschätzbare Dienste, indem sie Blüten bestäuben bzw. die Bestände anderer Insekten regulieren.
Absicht: Durch Anbringen von »Nistkästen« Brutplätze für Hautflügler schaffen und so einen Beitrag zum Erhalt der Artenvielfalt leisten
Material: Holzstücke aus kurzfaserigem Holz (Buche, Eiche), etwa in Ziegelsteingröße, mit Bohrgängen unterschiedlicher Stärke (2 – 10 mm) und unterschiedlicher Tiefe (6 – 10 cm), Halme aus Schilf und Stroh, in einer Konservendose gebündelt, Aufhängevorrichtung
Verlauf: Stellen Sie einige Nisthilfen nach der nebenstehenden Vorlage her, und hängen Sie diese auf. Legen Sie ein Beobachtungsbuch an, und tragen Sie darin Ihre Beobachtungen über die Nisthilfen ein. Überlegen Sie mit Kindern und Freunden, wie der Mensch das Zerstören von Brutplätzen vermeiden kann. Weitere Informationen enthalten die ökologischen Arbeitsblätter, die über den B.U.N.D. (Erbprinzenstr. 18, 7800 Freiburg) bezogen werden können.

Feuchtgebiete retten

In den vergangenen Jahren wurden Feuchtwiesen, Teiche und Tümpel als wertlose Brachflächen angesehen. Um sie nutzbar zu machen, wurden sie vielfach mit Müll verfüllt, mit Mutterboden bedeckt und dadurch in landwirtschaftliche Nutzfläche oder in Baugrund verwandelt. Man erkannte erst spät, daß diese Maßnahmen einen schweren Eingriff in den Naturhaushalt darstellten. Einige Tier- und Pflanzenarten, die auf feuchte Lebensräume angewiesen sind, verschwanden ganz (Weißstorch) oder sind in ihrem Bestand stark gefährdet (fast alle Amphibienarten).

In der Bundesrepublik sind 18 Amphibienarten heimisch. Außer dem Alpensalamander sind alle diese Amphibien auf Laichgewässer angewiesen, weil die Entwicklung der Eier und Larven nur im Wasser möglich ist. Einige Arten kommen nur zur Laichzeit an die Gewässer (Grasfrosch, Teichmolch), andere verbringen ihr ganzes Leben in oder am Wasser (Grünfrosch, Laubfrosch). Einige Arten besiedeln Sumpfwiesen (Grasfrosch, Kammolch), andere lieben Sandflächen (Geburtshelfer- und Knoblauchkröte) oder Waldgelände (Erdkröte, Feuersalamander). Während die Larven der Lurche sich von tierischem bzw. pflanzlichem Plankton ernähren, leben die Amphibien vor allem von Asseln, Würmern, Schnecken, Fliegen, Käfern und jungen Mäusen. Sie tragen dadurch zum Erhalt eines dynamischen Gleichgewichts im Naturhaushalt bei. Die Amphibien selbst sind

Unten: »Wo kein Platz mehr ist für Frösche, ist auch kein Platz mehr für Kinder.« (Konrad Lorenz)

Unten rechts: Der Krötenschutzzaun ist ein Weg, der Kreatur zu helfen, die gegen Autoreifen keine Chance hat. Seine Kontrolle ist eine von vielen Aufgaben, die Sie als Landschaftswart mit Ihren Kindern übernehmen können.

eine wichtige Nahrungsgrundlage für viele andere Tiere; sie sind Beutetiere von Reiher, Storch, Ente, Iltis, Fuchs, Igel, Wasserwanze und Gelbrandkäfer.

»Amphibienschutz ist auch das Bemühen um die Erhaltung unserer Lebensgrundlage.«
Bernhard Grzimek

Doch nicht nur die Verminderung von Feuchtgebieten bedroht die Amphibien: Pflanzenschutz- und Insektenvertilgungsmittel vergiften die Tiere und verseuchen die Laichgewässer, Straßenneubauten gefährden den Bestand der Tiere, wenn sie die Wanderwege der Erdkröte zu den Laichgewässern queren. Solche Straßen sollten untertunnelt und durch Amphibienzäune gesichert werden. Die größte Gefahr aber droht ihnen durch die Zerstörung ihrer Lebensräume und Laichgewässer. Ein wirksamer Artenschutz muß deshalb in erster Linie den Erhalt dieser Flächen zum Ziel haben. Ferner müssen Schutzgebiete ausgewiesen werden, in denen der Einsatz chemischer Bekämpfungsmittel unterbunden wird.
Jede Gemeinde in der Bundesrepublik hat ihren Sportplatz. Warum nicht auch ein natürlich belassenes Feuchtgebiet, in dem man Natur noch sehen, hören und riechen kann?

Nur wer mit etwas vertraut ist, vermag es zu schützen!

Absicht: Sich mit Amphibien vertraut machen und einen eventuell vorhandenen Ekel gegenüber diesen Tieren überwinden; durch die Beobachtung Kenntnisse über die Stellung von Amphibien im Naturhaushalt (Räuber/Beute) erwerben und Einsicht in die Notwendigkeit von Schutzmaßnahmen gewinnen sowie Arbeitsweisen des Artenschutzes kennenlernen.
Material: Gummistiefel, Fangnetz, Eimer, Plastikterrarium, Meßtischblatt bzw. Kartenausschnitt, Arbeitsblatt, Schreibzeug, Glasbehälter, Bestimmungshilfe (z. B. H. Klemmer, *Amphibien,* Wiesbaden 1978)
Verlauf: Im allgemeinen sind in den Monaten Februar bis Juni die Grasfrösche beim Ablaichen zu finden. Als Demonstrationstiere dürfen nur Grasfrösche und Grünfrösche genommen werden. Alle anderen Arten stehen unter Naturschutz.

▷ Beobachten Sie das Verhalten der Frösche einige Minuten lang.
▷ Lassen Sie ein Tier fangen, möglichst von jedem in die Hand nehmen sowie Größe und Aussehen beschreiben.
▷ Geben Sie einen Laichballen – den ebenfalls jeder berühren sollte – in einen Glasbehälter; Ihre Kinder können die Eier auszählen; die hohe Vermehrungsrate läßt auf eine große Zahl von Freßfeinden schließen.
▷ Sind Kaulquappen vorhanden, werden auch sie beobachtet; Laich und Kaulquappen sind unversehrt in ihre Laichgewässer zurückzubringen.

Literatur: G. Thielcke u. a., *Rettet die Frösche;* Stuttgart 1983.

Rekultivieren – von der Müllkippe zum Naherholungsgebiet

Jede Deponie stellt einen Eingriff in das Landschaftsgefüge dar, durch den kleinräumig vor allem das Relief eines Gebietes entscheidend verändert wird. Je sorgfältiger die landschaftspflegerischen Gesichtspunkte bei der Standortwahl berücksichtigt werden, desto geringer wird der Eingriff in Natur und Landschaft sein, und um so besser können die nachteiligen Folgen des Eingriffs wieder ausgeglichen werden. Unbewachsene und nicht rekultivierte Deponien sind Fremdkörper in der Landschaft.

Besser Müll vermeiden als beseitigen!

Ein bestimmtes Gelände sollte für die Abfallagerung nur vorübergehend beansprucht werden. Die unverzügliche, gegebenenfalls schrittweise Rückgliederung in die umgebende Landschaft, das heißt die vollständige Rekultivierung, ist eine zwingende Voraussetzung jeglicher Deponieplanungen.
Nach den Plänen der Bundesländer soll die Anzahl der Deponien von 4415 (1975) auf rund 400 zentrale Anlagen im Jahre 1990 abnehmen.
Am bundesdeutschen Müllberg ist jeder von uns – vom Säugling bis zum Greis – mit jährlich über 500 Kilogramm Hausmüll beteiligt. Jeder kann aber auch mithelfen, durch Recycling und Sparen von

Verpackungsmaterial die Müllawine zu verkleinern und so die Eingriffe in die Landschaft in Grenzen zu halten. Die vom Bundesumweltamt mit dem »Blauen Engel« – dem Symbol für ein umweltfreundliches Erzeugnis – ausgezeichneten Waren sind ein Schritt in diese Richtung. Das Umweltzeichen erleichtert Ihnen, die »Spreu vom Weizen« zu trennen.

Absicht: Selbstkritische Betrachtung des eigenen Verhaltens in einer Wegwerf-Gesellschaft

Material: Gummistiefel, Fotoapparat, Skizzenblock, Schreib- und Malzubehör

Verlauf: Besuchen Sie mit Ihrer Familie oder mit Freunden eine geordnete Deponie und eine wilde Müllkippe in Ihrer Umgebung. Notieren Sie, welche der dort abgelagerten Dinge nicht in die Deponie oder in die Kippe gehören, weil sie wiederverwendet werden könnten. Was könnte jeder, der einen eigenen Garten hat, selber verwenden? Stellen Sie fest, welche dieser Dinge Sie selber in den Müll werfen.

Prüfen Sie, ob dieser Platz überwacht wird, welche Auflagen bestehen und ob sie eingehalten werden. Überlegen Sie, wie die geordnete Deponie später genutzt werden könnte. Fertigen Sie dazu eine Skizze an. Diskutieren Sie Vor- und Nachteile von Zentraldeponien.

Fachwerkhäuser – Zeugen früherer Baukunst

Wer seine eigene Zeit kritisch betrachten und die Zukunft mitbestimmen will, sollte die Vergangenheit kennen. Er muß wissen, wie die Zeit war, aus der sich die unsere entwickelt hat.

Die große Zeit des Fachwerkhauses reichte von der Mitte des 15. Jahrhunderts bis in die zweite Hälfte des 17. Jahrhunderts, teilweise auch darüber hinaus. Unter Fachwerk versteht man eine Wandbauweise, bei der die Zwischenräume eines Holzgerüstes (Gefache) mit lehmbeworfenem Flechtwerk oder Mauerwerk aus Bruchsteinen oder Ziegeln ausgefüllt sind. Im Verlauf des 18. Jahrhunderts wurde in Mitteleuropa Bauholz, vor allem das Eichenholz, knapp. Das zwang zu einem Ausweichen auf Steine und Ziegel. Im 19. Jahrhundert kam außerdem das Holz im Zuge neuer Wertvorstellungen des Bürgers – zuerst in der Stadt, später auf dem Land – in den »Geruch« eines Baustoffes für arme Leute. Deshalb gab man vielen Fachwerkhäusern durch Verputzen der Fassaden das Aussehen von Steinhäusern. Zuvor wurden Kerben in das Balkengerüst geschlagen, damit der Verputz besser haften konnte. Die Brandgefahr in den Städten tat ein übriges, den Fachwerkbau einzuschränken oder sogar zu verbieten. So war beispielsweise in Frankfurt am Main ab 1711 das massive

Fachwerkhäuser verschönern das Straßenbild in Dörfern und Städten. Unter Putz kann gut erhaltenes Fachwerk sein, wie dieses Haus in Büdingen (Hessen) vor und nach der Restaurierung zeigt. Sie sollten sich in Ihrer Gemeinde einmal umsehen.

Erdgeschoß vorgeschrieben, und 1811 erging ein allgemeines Bauverbot für Fachwerkhäuser.

Baufälligkeit, Schwierigkeiten bei der Modernisierung (z. B. beim Einbau sanitärer Anlagen und größerer Fenster) und die etwa dreimal so hohen Kosten für die Feuerversicherung waren in den vergangenen Jahrzehnten häufig Grund für den Abbruch von Fachwerkhäusern. Erst in jüngster Vergangenheit kommt es in größerem Umfang zu Sanierungsmaßnahmen an alten Häusern. Private Hausbesitzer werden dabei durch staatliche Förderungen und steuerliche Erleichterungen unterstützt.

Absicht: Interesse an Fachwerkhäusern als Verschönerung des Straßenbildes wecken; ermutigen, sich für den Erhalt von Fachwerkhäusern und anderen geschichtlich bedeutsamen Bauten einzusetzen. Sie sollten aber bedenken, daß Fachwerkhäuser höhere Kosten für Fassadenpflege und Feuerversicherung verursachen und der Besitzer bei Renovierungen Auflagen des Denkmalschutzes beachten muß.

Teilnehmer: 2 – 3 Personen

Material: Kartenausschnitt aus der Grundkarte 1:1000 eines Ortsteiles mit Fachwerkhäusern (im Rathaus oder im Katasteramt erhältlich), je Gruppe eine Kopie, Fotoapparat, Zeichenblock, Schreib- und Malzubehör

Verlauf: Suchen Sie mit Ihren Kindern auf einem Erkundungsgang sowohl gut erhaltene als auch renovierungsbedürftige Fachwerkhäuser, und lassen Sie diese Gebäude in der Karte markieren. Von je einer besonders schönen und einer besonders häßlichen Fassade können Fotoaufnahmen gemacht werden. Möglicherweise finden Sie Fassaden, die Ihrer Meinung nach renoviert werden sollten. Entsprechende Vorschläge können dem Bürgermeister bzw. dem zuständigen Sachbearbeiter gemacht werden.

Fachwerkhäuser wurden in früherer Zeit im »Ständerbau«, später im »Stockwerksbau« konstruiert; vielleicht entdecken Sie noch einen »Ständerbau«.

Wenn Sie nicht selber in einem Fachwerkhaus wohnen, sollten Sie mit Ihren Kindern versuchen, Bewohner über die Vor- und Nachteile des Wohnens in Fachwerkhäusern anzusprechen; vielleicht erlaubt man Ihnen, ein solches Haus von innen anzusehen.

In Städten beschäftigt sich oft ein Sachbearbeiter mit Fragen der Denkmalpflege und der Altstadtsanierung: Sie sollten sich mit ihm in Verbindung setzen, wenn Sie zusätzliche Informationen suchen.

Nicht immer können wertvolle Gebäude an ihren Standorten erhalten werden; vielleicht reizt es Sie, mit älteren Kindern, Freunden oder Bekannten einen solchen Konfliktfall durchzudenken.
Der nachstehende Text hilft Ihnen, sich in die Rolle verschiedener Interessengruppen hineinzuversetzen.

Abreißen, sanieren oder in ein Freilichtmuseum?*

Die Straßenbauverwaltung hat sich bereit erklärt, auf Anfrage der Gemeindevertretung eine innere Ortsdurchfahrt zu sanieren.

1. Die Gemeindevertretung wünscht den Abbruch eines Eckgebäudes, weil hier die Straße zu eng ist und durch Schwerfahrzeuge bzw. sperrige landwirtschaftliche Geräte wiederholt Unfälle geschehen sind. Das Haus ragt an diesem kritischen Engpaß etwa 1,20 m in die Fahrbahn. Im Dorf wurde daher schon mehrfach der Wunsch nach Abriß dieses Gebäudes laut.
2. Die Denkmalpflege lehnt den Abbruch des Gebäudes ab, weil es sich um ein besonders wertvolles Fachwerk handelt. Sie beruft sich auf das Denkmalschutzgesetz vom 23. 9. 1974.
3. Der Besitzer, ein Landwirt, will aussiedeln und ist an dem Erhalt des Hauses nicht interessiert, da er hier »keine ruhige Minute mehr hat«, wie er sagt. Keiner der Familie will sich der Verkehrsbelästigung aussetzen (Angst um die Kinder). Ein anderer Käufer findet sich nicht. Für den Betrieb einer modernen Landwirtschaft ist die Hofanlage zu klein; sie läßt sich auch bei überhohen Investitionen nicht wirtschaftlich gestalten. Eine Bürgerinitiative von Umweltschützern kämpft für den Erhalt des Hauses. Sie möchte sogar das Haus übernehmen, hat aber kein Geld, um es zu bezahlen, geschweige denn zu renovieren. Mögliche Zuschüsse erreichen nicht einmal die Summe, die ein Nachbar für Teilflächen des Hofes, also für den bloßen Grundstückswert, geboten hat.
4. Die Straßenverwaltung macht daraufhin den Vorschlag einer Umgehungsstraße.
5. Das Landwirtschaftsamt und die Gemeinde sprechen sich gegen die Umgehungsstraße aus, da ca. zehn Hektar »gutes« Land dabei verlorengingen. Außerdem entstünden hohe Kosten, weil eine kleine Hügelzone im Waldbereich durchstochen werden müßte.

Einzelne, vom Abriß bedrohte Gebäude haben Platz in einem Freilichtmuseum gefunden. Vielleicht ist eines in Ihrer Nähe; ein Besuch kann ebenso informativ wie erholsam sein.

*nach Eugen Ernst, Leiter des »Hessenparks« in Neu-Anspach

6. Die Gruppe der Umweltschützer hat sich daraufhin gespalten. Die denkmalpflegerisch Interessierten wollen die Umgehungsstraße in Kauf nehmen. Die mehr auf ökologische Zusammenhänge gerichtete Gruppe ist dagegen bereit, entweder das Haus abzureißen oder die Verkehrsmisere mit allen Konsequenzen hinzunehmen.

Verlauf: Teilen Sie die Gruppe in »Rollenträger« auf:

▷ Mitarbeiter des Straßenbauamtes
▷ Gemeindevertreter, Bürgermeister
▷ Vertreter der Denkmalpflege
▷ Besitzer des Fachwerkhauses
▷ Vertreter des Umweltschutzamtes
▷ Vertreter der Landwirtschaft
▷ Vertreter eines Freilichtmuseums

Lassen Sie jede Gruppe ihre Ansicht vortragen. Bitten Sie danach alle, sich von der übernommenen Rolle zu lösen und zu versuchen, auch die Meinung der anderen zu verstehen und sich nach dem »gesunden Menschenverstand« zu entscheiden für

▷ Verbleib des Gebäudes an Ort und Stelle mit der Auflage der Sanierung, oder für
▷ Abbau mit der Auflage, das Haus in einem Freilichtmuseum aufzustellen, oder für
▷ Abbruch und Zerstörung.

Stimmen Sie ab, und überlegen Sie die Konsequenzen, die Ihre Entscheidung in der Wirklichkeit haben würde.

Arbeiten wie Steinzeitmenschen

Die Vergangenheit »lebendig« werden lassen, um Gegenwart und Vergangenheit miteinander vergleichen und so ein besseres Verständnis für Probleme der Jetztzeit gewinnen zu können.

Etwa 5000 Jahre v. Chr. – zu Beginn der Jungsteinzeit – veränderte sich das Verhältnis der Menschen Mitteleuropas zu ihrer Umwelt grundlegend. Aus Jägern und Sammlern wurden Ackerbauern und Viehzüchter. Sie bauten Kulturpflanzen an, hielten Haustiere, errichteten Häuser und entwickelten die Kunst des Töpferns. Die Menschen der Jungsteinzeit formten ihre Steinwerkzeuge aus Feuersteinknollen nicht wie ihre Vorfahren nur durch Schlagen, sie machten sie auch durch Schleifen wirksamer. Der Steinbohrer – die erste vom Menschen erfundene Maschine – erleichterte ihnen die Bearbeitung. Als Getreide wurden Einkorn, Emmer, Nackt- und Spelzgerste angebaut. Sie wurden mit der Sichel – einem gebogenen Stock mit eingesetzten Feuersteinklingen – geerntet.

Kinder wollen selber etwas tun, wollen Hand anlegen. Dieser Junge erfährt, wie mühsam es für die Menschen in der Steinzeit war, die alltägliche Nahrung herzustellen, erfährt, was es heißt, nicht einfach an den Kühlschrank gehen zu können.

Diese Klingen werden heute noch in großer Zahl gefunden. Bekannt sind uns die Lebensweisen der früheren Zeit vor allem durch die zahlreichen Funde, die in Heimatmuseen ausgestellt werden.

Der Besuch solcher Museen kann zu einem besonderen Erlebnis werden, wenn Sie ihn richtig vorbereiten. Im allgemeinen sind die ausgestellten Gegenstände nur hinter Glas oder Absperrungen zu sehen, können jedoch nicht angefaßt und damit leichter »begreifbar« werden. Die Ausstellungsstücke müssen »erlesen« statt entdeckt und erforscht werden.

Heute lassen immer mehr Museen Programme ausarbeiten, durch die vor allem Kinder und Jugendliche einen »hautnahen« Kontakt zu früheren Lebensweisen erhalten. Sie können Buchweizengrütze kosten (einst die Hauptmahlzeit der Bauern), sie lernen, wie man Getreide drischt, mit der Schrotmühle Korn mahlt, den Brotteig knetet, buttert und vieles andere mehr.

Absicht: Durch den Gebrauch von Steinwerkzeugen die Lebensweise von Steinzeitmenschen in einem Teilbereich (Werkzeuge) mit der eigenen Lebensweise vergleichen und dabei das Heimatmuseum als eine Einrichtung kennenlernen, die mehr bietet als ein beziehungsloses Aneinanderreihen von Ausstellungsstücken.

Material: Sammlung nachgearbeiteter Steinwerkzeuge (das Heimatmuseum Meerholz-Gelnhausen [Hessen] z. B. besitzt etwa 100 Faustkeile, Speer- und Pfeilspitzen, Klingen, Kratzer, Bohrer sowie einen Mahlstein zum Schroten von Getreide)

Verlauf: Informieren Sie sich zuerst über das örtliche Museum und sein Angebot. Besprechen Sie mit einem Mitarbeiter des Museums, ob und wie Kinder mit vorhandenen Gegenständen umgehen und welche Arbeiten sie ausführen können. Überlegen Sie sich im voraus, was die Kinder eingehend betrachten sollen. Versuchen Sie, andere Familien zur Mitarbeit an einem Museumsprojekt zu gewinnen.

Dem »Landschaftsklau« auf der Spur

Straßen verbinden, zerschneiden, zerstören!

Der Straßenbau zählt in der Bundesrepublik Deutschland zu den größten Landschaftsverbrauchern. Bei uns gibt es rund 500000 km Bundes-, Landes-, Kreis- und Gemeindestraßen. Aneinandergereiht würden sie zwölfmal die Erde umspannen. Verkehrswege beanspruchen mehr als 10000 km^2 Land. Jahr für Jahr werden allein in der Bundesrepublik weitere Tausende Hektar verbaut, für Straßen, Wege und Parkplätze »versiegelt«: asphaltiert und betoniert. Straßen verursachen tiefgreifende Veränderungen in der Umwelt, beeinflussen Windrichtung, Temperatur, Lichtverhältnisse, Niederschlagsmenge und anderes mehr. Diese Veränderungen bleiben nicht ohne Folgen für die bestehenden Lebensgemeinschaften und Lebensräume.

Das Kinzigtal (obiges Foto) zum Beispiel durchziehen zwischen Langenselbold und Gelnhausen (Hessen) eine Autobahn, zwei Bundesstraßen, fünf befestigte und teilweise asphaltierte Wirtschaftswege sowie eine Eisenbahnstrecke an einer Stelle, an der das Tal ganze 2600 Meter breit ist. Ist das nicht des Guten zuviel?

Absicht: Sich anhand eines konkreten Falles ein Bild machen vom Landverbrauch durch Straßen- und Wegebau und den mit der Planung verbundenen »Instanzenweg« nachvollziehen

Material: topographische Karte der Umgebung, Meßband, Zollstock, Fotoapparat, Notizblock

Verlauf: Stellen Sie fest, ob es um Ihr Haus herum Flächen gibt, die mit Asphalt oder Beton – auch Waschbeton – versiegelt sind, Flächen, die Sie genauso nutzen könnten, wenn sie als trittfester Rasen angelegt wären. Fragen Sie auf jeden Fall Ihre Kinder! Wenn Sie Hauseigentümer sind, können Sie das eine oder andere ändern – sofern Sie wollen! Ihr Vorbild, Ihre Überzeugungskraft (oder die Ihrer Kinder) können vielleicht auch Ihren Nachbarn zu einer ähnlichen Aktion veranlassen.

Der fortschreitenden Überbauung muß Einhalt geboten werden; dies kann geschehen, indem nur unvermeidbare Eingriffe vorgenommen werden und für die verbaute Fläche möglichst in unmittelbarer Nähe ein ökologisch gleichwertiger Ersatz zur Verfügung gestellt wird. Stellen Sie fest, wie sich Ihre Gemeinde in dieser Hinsicht verhält. Das Bundesbaugesetz (1960) nennt eine Reihe von Auflagen für die Flächennutzungs- und Bebauungspläne; prüfen Sie, ob beim bisher letzten oder bei einem geplanten Vorhaben Ihrer Gemeinde diese Auflagen berücksichtigt wurden.

Die Genehmigung von Verkehrswegen hängt auch von der Zahl der Benutzer ab; prüfen Sie durch eine Zählung das Verkehrsaufkommen einer kürzlich fertiggestellten oder einer geplanten Entlastungsstraße, ob gemäß bestehender Mindestwerte (vgl. entsprechende Verordnung des jeweiligen Bundeslandes) überhaupt gebaut werden durfte bzw. darf.

Vielleicht geschieht Vergleichbares in Ihrer Gemeinde! Sie sollten mit Ihrer Familie einmal auf Erkundung gehen.

Wir kamen einem unserer Meinung nach höchst »eigenwilligen« Verständnis von »Natur« und »Steuergeldern« auf die Spur: Die bei der Gebietsreform zu einer neuen Gemeinde zusammengeschlossenen Orte sollten durch einen Radweg verbunden werden – eine bürgerfreundliche Entscheidung! Bei den von amtlicher Seite vorgenommenen Verkehrszählungen wurden jedoch die festgesetzten Mindestwerte nicht erreicht. Eine Bezuschussung durch das Land war daher nicht möglich – die Gemeinde hätte den Fahrradweg auf eigene Kosten bauen müssen.

Die Gemeindevertretung beschloß daraufhin, anstelle des Fahrradweges einen Wirtschaftsweg zu bauen, da die Kosten für dieses Vorhaben größtenteils von anderen öffentlichen Körperschaften übernommen wurden.

Ein Schildbürgerstreich!? Sie sollten so etwas verhindern!

Wir führen ein Umwelt-Tagebuch

Gezieltes und systematisches Beobachten muß – wie andere Fertigkeiten auch – geübt werden. Das Führen eines Umwelt-Tagebuchs ist nach unserer Erfahrung dafür sehr gut geeignet. Alle Kinder sollten deshalb möglichst früh von Elternhaus und Schule dazu angehalten werden.

Absicht: Gezieltes und systematisches Beobachten lernen sowie Interesse an Vorgängen in der Natur wecken

Verlauf: Entwickeln Sie gemeinsam ein Beobachtungsraster wie dieses: Datum, Uhrzeit, Standort, Beschreibung der Beobachtung, Erklärung der Beobachtung. Es sollte den Kindern freigestellt bleiben, was sie in ihrer Umwelt beobachten wollen.

»Umweltspürnasen« helfen allen.

Skizzenblock und Fotoapparat leisten bei der Bestandsaufnahme wertvolle Dienste. Mit der Kamera lassen sich Veränderungen in der Landschaft durch Baumaßnahmen über einen längeren Zeitraum festhalten. Aber auch vom Menschen durch Streusalz und durch Schadstoffe in der Luft verursachte Umweltschäden an Bäumen und Pflanzen werden im Luftbild sichtbar, ehe sie das Auge zu erkennen vermag: Sie bewirken Veränderungen im Blattgrün (Chlorophyll), die mit Hilfe eines Infrarot-Diafilms und eines Gelbfilters sichtbar werden – Blätter und Nadeln gesunder Bäume zeigen auf dem Dia ein kräftiges Rot. Je heller das Rot, desto stärker ist die Pflanze geschädigt.

Alle, die mit dem Führen eines Umwelt-Tagebuches vertraut sind, sollten motiviert werden, an einem Umweltkataster mitzuarbeiten. Es umfaßt ein bestimmtes abgegrenztes Gebiet als Beobachtungsraum. Über Jahre geführt, liefert der Kataster nicht nur eine Bestandsaufnahme, sondern auch wertvolle Aufschlüsse über stattfindende Veränderungen, wie beispielsweise den jahreszeitlichen Rhythmus des Säuregehalts der Niederschläge. Der Umweltkataster kann so zu einer wichtigen Unterlage und Hilfe für raumwirksame Entscheidungen auf lokaler Ebene werden.

Landschaft im Wandel – Ein Umweltkataster bringt es an den Tag

Durch Vergleiche erkennen wir in der Vielfalt sowohl Gemeinsamkeiten als auch Unterschiede.

Wie hat das Dorf, das Stadtviertel, die Landschaft, in der Sie mit Ihren Kindern leben, früher ausgesehen? Sie werden erstaunt sein, was sich im Laufe der Jahre verändert hat.
Solche Veränderungen lassen sich in der Regel nur über Langzeitbeobachtungen feststellen. Eine sehr gute Quelle zum Aufspüren langsam ablaufender Prozesse sind zeitlich unterschiedliche Ausgaben einer topographischen Karte, Fotos und Ansichtskarten. Geschichtsvereine sammeln solche Unterlagen.
Der Vergleich der Karten ähnelt einem Bilderrätsel. Im allgemeinen ist es aber interessanter, eine auf der Karte festgehaltene Landesaufnahme an Ort und Stelle mit dem gegenwärtigen Zustand zu vergleichen. Hierfür bieten sich zwei Verfahrensweisen an:

- ▷ eine thematische, bei der jeder Teilnehmer bzw. jede Gruppe einem Merkmal in der Landschaft nachgeht (Beispiele: Gewässer, Siedlungen, Verkehrswege); das Beobachtungsgebiet muß angemessen groß sein;
- ▷ eine raumbezogene, bei der möglichst die Vielfalt eines Landschaftsausschnittes festgehalten wird; diese Arbeit muß auf eine kleine Fläche beschränkt bleiben. Hierbei können erfaßt werden: Entfernen und Neuanpflanzen von Hecken, Ausbaggern von Gräben, Verrohrung und Laufänderung von Bächen, Ausräumen von Ufergehölzen, Verfüllen von Tümpeln...

Absicht: Umweltveränderungen durch den Menschen in Vergangenheit und Gegenwart erkennen sowie fundierte Unterlagen über die eigene Umwelt als Entscheidungshilfe für raumplanerische Maßnahmen selber herstellen
Material: verschiedene Ausgaben der topographischen Karte 1:25000 des ausgewählten Gebietes (neben der neuesten, im Buchhandel erhältlichen Ausgabe liefern die zuständigen Landesvermessungsämter Karten, die im 18. oder 19. Jahrhundert aufgenommen wurden)
Verlauf: Anhand unterschiedlicher Kartenausgaben werden langfristige Veränderungen in der Landschaft entdeckt und aufgelistet. Bei Ungeübten sollte der Vergleich auf zwei Karten beschränkt bleiben, z. B. auf eine historische Karte und die neueste Ausgabe der topographischen Karte 1:25000.

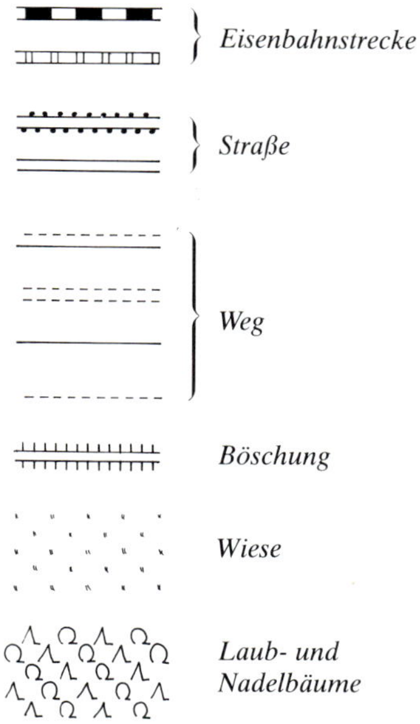

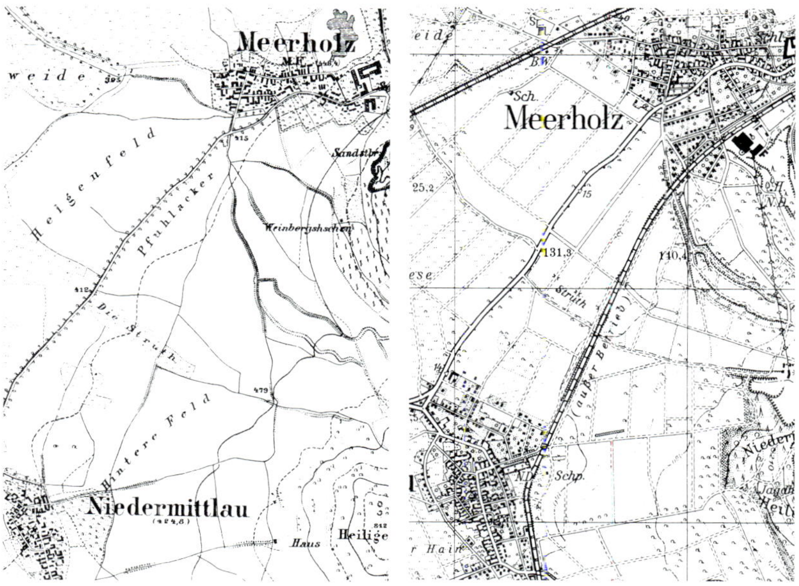

Anschließend wird die neueste Kartenausgabe im Gelände mit dem gegenwärtigen Zustand verglichen. Die Veränderungen werden in einer Tabelle festgehalten.

Plan-Quadrat	Landschaftsveränderungen (heutiger Zustand gegenüber der Karte von ...)		
	Aufnahmedatum	Erscheinungsbild	Ursache
H 5559–60 3509–10	18.10.87	Teilweise abgebauter Eisenbahndamm	Stillegung der Kleinbahn

Auswertung: Es sollten besprochen werden:

▷ Ursachen für die Veränderung,
▷ weitere mögliche Folgen,
▷ erforderliche Maßnahmen bei umweltbedrohenden Folgen,
▷ die Rolle der politischen Entscheidungsträger,
▷ Möglichkeiten der Selbsthilfe.

Um die lebende Natur zu erhalten, muß zunächst einmal flächendeckend erhoben werden, was davon überhaupt noch vorhanden ist.

Das Umwandeln von sogenannten Ödflächen (Moor, Heide, Feuchtwiese) in landwirtschaftliche Nutzfläche sowie die Flurbereinigung werden oft als »Inwertsetzung der Landschaft« bezeichnet, obwohl dadurch häufig naturnahe Lebensräume zerstört werden. Was meinen Sie und Ihre Kinder dazu?

Spiel und Spaß

Spielend lernen – wer möchte das nicht! Nachfolgend beschriebene Spiele und Aktivitäten, von denen einige bei schlechtem Wetter auch im Raum ablaufen können, zeigen, daß Lernspiele sowohl Kenntnisse vermitteln als auch Spaß machen können.

Das Lebensnetzspiel

Absicht: Gegenseitige Abhängigkeiten und vielfache Wechselbeziehungen zwischen allen lebenden Dingen sowie die Abhängigkeit allen Lebens von Sonnenlicht, Luft, Wasser und Boden erkennen
Teilnehmer: 6 bis höchstens 12 Spieler
Material: 1 Knäuel Schnur (mindestens 50 Meter), leere Schilder (ca. DIN A 6), Sicherheitsnadeln oder Büroklammern zum Befestigen der Schilder, Filzschreiber
Verlauf: Paarweise oder in kleinen Gruppen schreiben die Teilnehmer alle ihnen wichtig erscheinenden, sichtbaren oder vorstellbaren Objekte ihrer Umwelt auf. Sie sollen sich dabei überlegen, ob und wie diese Dinge zusammengehören bzw. voneinander abhängig sind.

Gemeinsam werden die wichtigsten Dinge in einer Liste zusammengefaßt. Sie sollte folgende Begriffe enthalten: Sonnenlicht, Wasser, Luft, Boden, Wildpflanzen (Gras, Strauch, Baum), Kulturpflanzen (Weizen, Kirschbaum...), Wildtiere (Grashüpfer, Maus, Hase, Fuchs, Fisch, Regenwurm...), Haustiere (Hund, Katze...), Mensch.
Jeder Teilnehmer entscheidet sich für einen Begriff der Liste. Er gibt seine Wahl den anderen Teilnehmern bekannt, schreibt den gewählten Begriff auf die Karte und heftet sich die Karte an die Brust. Gruppe und Leiter bilden einen Kreis von drei bis vier Meter Durchmesser.
Der Leiter (mit der Karte »Sonne«), wickelt sich ein Ende der Schnur ums Handgelenk und erklärt: »Ich bin die Sonne. Ich kann für mich allein bestehen. Ich brauche keine anderen. Aber viele brauchen mich. Sie können ohne mich nicht leben – wie (beispielsweise) das Gras.«
Das Gras: »Ich brauche die Sonne, weil ich ohne Wärme nicht wachsen kann.« Ein Beispiel für eine anspruchsvollere Antwort, die zeigt, daß das »Lebensnetz« auf verschiedenen Altersstufen »gespielt« werden kann: »Ich brauche das Licht der Sonne, um Kohlendioxyd in Sauerstoff umwandeln zu können.«

Die Teilnehmer können ihren Gegenstand, die Abhängikeiten und Wechselwirkungen auch spielerisch, durch Gestik und Mimik, darstellen.

Das Schnurknäuel ist jeweils an einen anderen Teilnehmer (Objekt) weiterzugeben, von dem man annimmt, daß er (sehr) wichtig für einen selber ist, beziehungsweise an den, für den man selber wichtig zu sein glaubt. Die direkte oder indirekte Abhängigkeit, die Reaktion des einen auf den anderen wird dabei beschrieben und so die Entscheidung begründet.
Jeder Teilnehmer schlingt die Schnur um einen Finger, bevor er das Knäuel weitergibt. Dabei ist darauf zu achten, daß die Schnur zwischen den Teilnehmern gespannt bleibt. Das Knäuel wird so lange weitergereicht, bis alle in das Lebensnetz einbezogen sind. Zum Schluß kommt das Knäuel wieder zum Leiter. Dann ist das Lebensnetz fertig, und die Teilnehmer können von den vielfältigen Verbindungen auf Wechselwirkungen und Abhängigkeiten schließen. Nun sollte darüber nachgedacht werden, was geschieht, wenn ein wichtiges Element im Lebensnetz ausfällt, weil es beispielsweise durch den Menschen vernichtet wird. Auf ein Zeichen läßt der betreffende Teilnehmer die Schnur fallen.

Achtung: Es ist darauf zu achten, daß das Netz vorher straff gespannt ist!

Nun wird augenfällig erkennbar, daß das Herausnehmen bzw. Zerstören eines wichtigen Elementes das Netz verändert, das Gleichgewicht stört.
Wenn in der Natur im ökologischen Netz eine Verbindung zerreißt, so schließt sich der Rest – teilweise unter Zerstörung oder

Aufnahme zusätzlicher Fäden – zu einem neuen, umgebauten, aber funktionsfähigen Netz zusammen. Das Lebensnetz als solches bricht nicht zusammen – es sei denn, die »Sonne« verläßt den Kreis.

Einen Mini-Park entdecken

Naturwunder gibt es überall – auch am Wegesrand.

In den vergangenen 100 Jahren wurden auf der Erde mehr als 1200 Nationalparks (NP) geschaffen. Mit diesen Schutzgebieten wollte und will man besonders schöne und eindrucksvolle Plätze und Landschaften vor der Zerstörung durch den Menschen bewahren und für die Nachwelt erhalten. Zu den bekanntesten Beispielen zählen die Naturwunder des Yellowstone NP (Geysire), der Grand Canyon des Colorado NP (2000 Meter tiefes Erosionstal), der Sequoia NP (Riesenbäume) und die Everglades (Sumpfgebiete) in den USA.

In diesen Nationalparks erklären gut ausgebildete Führer (Ranger) den Besuchern die Besonderheiten. So lernen sie sowohl weltbekannte Attraktionen als auch vieles andere kennen, an dem sie bisher oft achtlos vorübergegangen sind.

In unserer näheren und weiteren Umgebung fehlen Landschaften mit vergleichbaren Attraktionen. Es lassen sich aber überall kleine und kleinste Besonderheiten entdecken, für die wir vielfach den Blick verloren haben. Wer hat schon die Muße, beispielsweise in einem vermoderten Stamm das Tierleben zu beobachten? Und wer nimmt sich die Zeit, mit anderen über dieses Wunderwerk der Natur zu sprechen?

Absicht: Das Wahrnehmungsvermögen schärfen und die Phantasie anregen

Teilnehmer: 3 – 6 Personen

Dauer: 30 – 60 Minuten

Material: (je Teilnehmer) Schreibunterlage, Farbstifte, Faden (ca. zwei Meter lang), fünf Fähnchen, Lupe, Pinzette, Arbeitsblatt

Ort: Wald, abgemähte Wiese, Feldweg, Feldrain, Uferböschung und anderes mehr.

Verlauf: Erzählen Sie den Teilnehmern etwas über Nationalparks. Vorstehender Text gibt nur einige Informationen, die aus eigenem Wissen ergänzt werden können.

Suchen Sie sich in der Umgebung einfach Ihren eigenen Mini-Park. Schlüpfen Sie dazu aus Ihrer Mensch-Perspektive, und stellen Sie sich vor, als Mini-Wesen selber Teil einer Mini-Landschaft zu sein, die Sie mit einer Schnur umgrenzt haben. Der Park muß wirklich winzig sein! Sie sollen ihn zuerst für sich selber entdecken, die

Offenheit und Phantasie sind häufig wichtiger als Fachwissen und Vorkenntnisse.

belebten oder unbelebten Dinge genau beobachten, sie zueinander in Beziehung bringen sowie Abhängigkeiten und Wechselwirkungen finden. Dabei sollen Sie mit allen Sinnesorganen wahrnehmen. Markieren Sie die Attraktionen Ihres Parkes mit Fähnchen. Besonderheiten können Sie in Wort und Bild festhalten. Der Park sollte auch einen treffenden Namen erhalten.

Auswertung: Zeigen Sie das Entdeckte und Beobachtete den anderen, und erzählen Sie ihnen von den Besonderheiten Ihres Parkes. Dabei kommt es weniger auf fachbegriffliches Bestimmen an. Vielmehr zählen realitätsnahe und phantasievolle Erläuterungen. Sind mehrere Gruppen beteiligt, kann der Park mit dem interessantesten Angebot als Muster-Mini-Park den anderen Gruppen vorgestellt werden.

Das Blätterspiel

Absicht: Schärfen des Wahrnehmungsvermögens durch Vergleichen und Erkennen

Teilnehmer: 2 oder 3 Gruppen mit je 8 – 10 Personen

Material: Blätter von 8–10 verschiedenen Gewächsen; es können aber auch unterschiedliche Steine, Federn oder andere Dinge verwendet werden

Verlauf: Mischen Sie die Blätter gut durch, und streuen Sie sie auf einer kleinen Fläche aus. Die Gruppen stellen sich in Reihen hintereinander auf. Auf ein Zeichen läuft von jeder Gruppe jeweils der erste zu den ausgestreuten Blättern, hebt ein Blatt auf und läuft damit zu seiner Gruppe zurück. Der zweite übernimmt das Blatt und läuft damit zu den ausgestreuten Blättern. Er muß ein zweites Blatt aufnehmen, das zu einer anderen Baumart gehört als das erste Blatt; dann läuft er mit den beiden Blättern zu seiner Gruppe zurück und gibt dem dritten beide Blätter usw., bis der letzte jeder Gruppe gelaufen ist.

Auswertung: Gewonnen haben die Gruppen, die von jeder Baumart je ein Blatt eingesammelt haben. Das Tempo sollte keine Rolle spielen.

Anschließend überprüfen die Gruppen jeweils die »Beute« der anderen Gruppen, um festzustellen, ob vielleicht mehr als ein Blatt von der gleichen Baumart geholt worden ist. Wurden Blätter verwechselt, sollte man überlegen, warum das passieren konnte.

Spieltips: »Sauerbaum«, ein kooperatives, spannendes Umweltspiel für Erwachsene *und* Kinder (zu beziehen über J. Tranelis, Coblenzer Str. 15, 6533 Bacharach), und »Ökolopoly«.

Rallye der Besonderheiten

Absicht: Genaues Beobachten üben und erleben, daß gutes Zusammenarbeiten Spaß macht
Teilnehmer: 3–6 Personen je Gruppe, beliebig viele Gruppen
Dauer: 30–60 Minuten
Ort: Wald, Waldrand
Material: pro Gruppe einen größeren, mit einem Kennzeichen versehenen Sammelbehälter (Korb, Plastikeimer, Wanne) und zwei gleiche Auftragsblätter, die eine Aufzählung all jener Dinge enthalten, die eingesammelt werden sollen, beispielsweise: ein Eichenblatt (nicht abreißen), etwas trockene Erde, einen Kieselstein, eine lebende Ameise, ein Stück morsches Holz, einen roten Faden, einen vertrockneten Grashalm, eine Vogelfeder, einen fingerdicken Zweig, einen Fichtenzapfen, einen lebenden Käfer, ein Stück Kiefernrinde (nicht abreißen), einen lebenden Regenwurm, ein angefressenes Blatt, »Blätter« eines Nadelbaumes, angekohltes Holz

Wichtig: Alle »Beutestücke« müssen anschließend wieder an den Fundort zurückgebracht werden!

Verlauf: Jede Gruppe versieht ihren Behälter und die zwei Auftragsblätter mit ihrem Zeichen (Nummer, Buchstabe). Der Behälter wird anschließend an einen vorher bezeichneten Platz gestellt (an eine Bank, zwischen zwei Bäume oder vor die Tür eines Gebäudes), von dem er nicht entfernt werden darf. Ein Auftragsblatt bleibt bei dem Behälter, um die sofortige Kontrolle zu ermöglichen und Komplikationen, z. B. durch wegfliegende Käfer, zu vermeiden. Ziel ist es, möglichst viele der im Auftragsblatt angegebenen Dinge zu finden und einzusammeln.
Die Teilnehmer jeder Gruppe entscheiden selbständig über die Art ihres Vorgehens. Sie müssen berücksichtigen, daß die gesamte Gruppe nur ein Auftragsblatt hat.
Vor Beginn der Rallye sollte ein Schlußsignal vereinbart werden. Nach Abschluß der Rallye werden die gesammelten Objekte begutachtet; der »Sieger« wird ermittelt.
Diskussion: Warum muß die »Beute« an den Fundort zurückgebracht werden? Warum war das eine oder andere Objekt nicht zu finden?

Micky und Goofy als Energiesparer

Aus pädagogischer Sicht wurden Comics lange Zeit negativ beurteilt. Ihnen wurden Beeinträchtigungen des Lesevermögens – in bezug auf Lesetechnik und Textverständnis – sowie differenzierte Erfassung der Realität nachgesagt. Untersuchungen haben jedoch gezeigt, daß zwischen der Lektüre von Comic-Heften und verminderter Intelligenz ebensowenig ein Zusammenhang besteht wie zwischen dieser Lektüre und gesteigerter Aggression oder Kriminalität.

Verlauf: Auf den folgenden Seiten aus dem Comic »Micky und Goofy auf Entdeckungsreisen« sind einige Sprechblasen leergelassen. Es kann einzeln oder in kleinen Gruppen überlegt werden, was Micky als kluge, intelligente Maus und Goofy als naiver, lernwilliger Tolpatsch gesagt haben könnten. Mit der Schlußblase wird zu eigenständiger Fortsetzung aufgefordert (die Originaltexte finden Sie auf S. 109).

Absicht: Bewußtsein für die alltägliche Energieverschwendung schaffen.

MICKY UND GOOFY
SPAREN ENERGIE
WALT DISNEY'S
KLICK!
Wo die blauen Wellen schlagen...
...an den kühlen Strand...
Dem Himmel sei Dank! Dir ist nichts passiert.

Aber ich bin doch noch gar nicht fertig mit meinem Lied, Micky! Und singen tu ich für mein Leben gern.
Das ist keine Verschwendung. Das Wasser auf dem Boden brauch' ich zum Putzen.
KLICK!
Das weiß ich selber.
Ich spare ja Energie. Und zwar meine! Deshalb sitz' ich auch lieber in der Badewanne, anstatt mich zu duschen.
KLICK!
Schade um die Spiegeleier! Ich wollte längst aus dem Bad sein. Aber wenn ich einmal anfange zu singen, kann ich nicht mehr aufhören.

Und meine Uhr hab' ich auch vergessen. Ich muß mir doch mal eine wasserdichte zulegen.
Ich weiß! Meine Socken müßten jetzt trocken sein.
Wo stecken sie bloß? Sie müssen aber hier sein. Wo seid ihr denn?
Jetzt nicht mehr. Sie sind schon trocken. Prima, was?
Meinst du? Dann werde ich meinen Waschlappen jetzt nicht waschen.
Ich weiß gar nicht, was du willst, Micky. Die ganze Zeit erzählst du mir was von Energieverschwendung und so 'nem Zeug. Wenn ich Strom brauche, dann schalte ich ihn eben ein.
So!

Teileliste
Gestell für Wasserbehälter
4 Steher, 8 auf 8 cm, Länge 250 cm

Aussteifung
8 Bretter, Länge 100 cm
4 Bretter, Länge 170 cm
1 Palette

Gestell für die Kollektoren
2 Steher, 8 auf 8 cm, Länge 100 cm
2 Latten, 2 auf 4 cm, Länge 200 cm
3 Bretter, 2 auf 4 cm, Länge 85 cm
Nägel, 8 cm lang

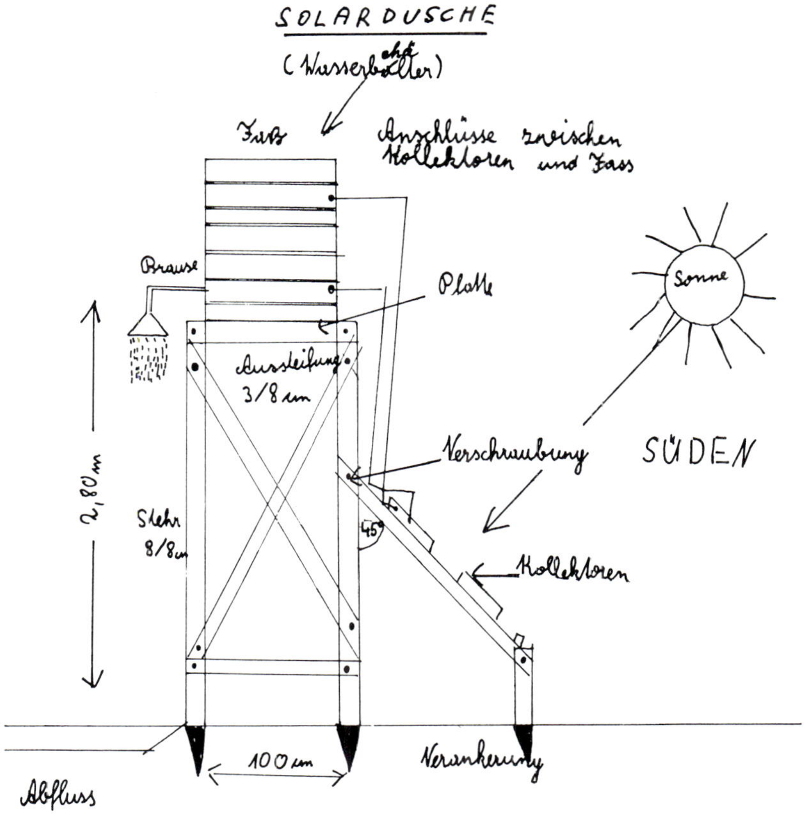

Eine Solardusche im Garten

Das Phantasie-Fahrrad von Micky und Goofy (auf Seite 103) wäre schon eine tolle Erfindung – wenn es so arbeiten würde. Doch Energie zum Nulltarif gibt es leider nicht. Auch Energie aus der Sonne hat ihren Preis, wie Salzburger Kinder während eines dreitägigen Projekts erfahren mußten, als sie im Schulgarten eine Solardusche bauten.
Vieleicht lassen Sie sich durch Bauskizze und Teileplan* anregen, es selber einmal mit Ihren Kindern zu versuchen. Anleitungen zum Bau von Sonnenkollektoren erhalten Sie beim Energie- und Umweltzentrum am Deister in 3257 Springe – Eldagsen.

* aus: Ulrike Unterbrunner, *Lebendiges Lernen in der Umwelterziehung,* hrsg. von der ARGE Umwelterziehung, Wien 1986.

Lösungen

S. 62/63

Was trifft zu?

Nach Ansicht des Autors hätte man 1, 3, 5 und 7 ankreuzen sollen.

S. 69

Natur lebt in Kreisläufen und vom Recycling

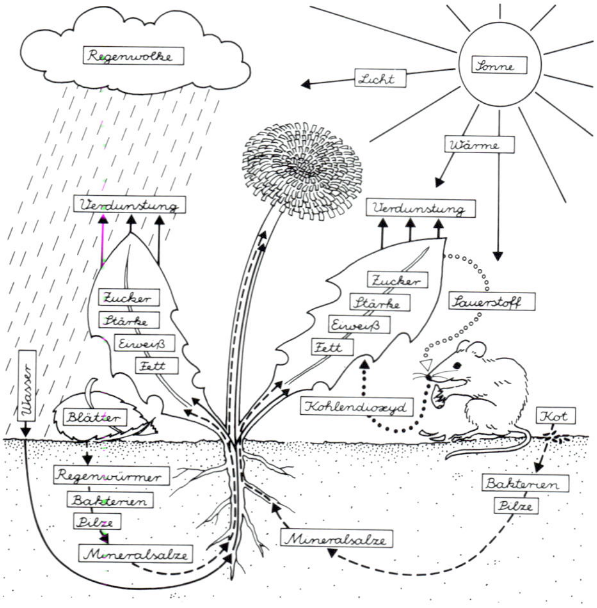

S. 71

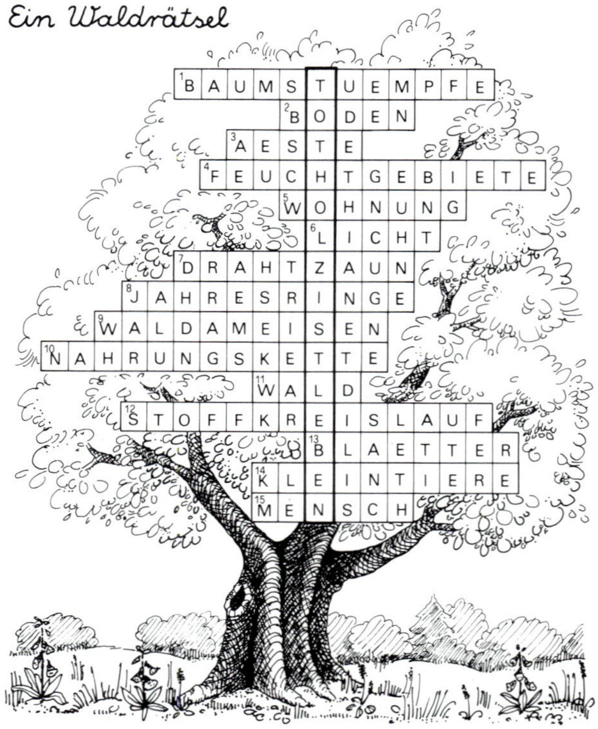

S. 76

Wir orientieren uns mit Hilfe der Sterne

A = Sommer; B = Winter; C = Frühjahr; D = Herbst

S. 104–106

Fehlende Micky-Texte:

1. Ach du meine Güte! Warum raucht und qualmt es bei Goofy so? Es wird ihm doch nichts passiert sein?
2. Wo steckt er bloß? Es ist doch nicht Goofys Art, den Herd einzuschalten und dann wegzugehen.
3. Ich mache mir echt Sorgen. Es wird doch nicht ...
4. Dem Himmel sei Dank!! Dir ist nichts passiert.
5. Du überflutest ja alles. Stell den Wasserhahn ab, und zieh den Stöpsel aus der Wanne.
6. Dann mußt du eben kürzere Lieder singen. Überall wird von Energiesparen geredet, und du gehst verschwenderisch mit dem warmen Wasser um.
7. Hast du dir schon mal überlegt, daß es auch genügt, wenn du duschst anstatt zu baden?
8. Und deine Klimaanlage muß ja auch nicht eingeschaltet sein, wenn das Fenster offen steht. Dann wird's draußen auch nicht kühler.
9. Ich versteh' dich wirklich nicht. Wozu hast du am hellichten Tag alle Lampen brennen?
10. Das kostet alles Energie, Goofy! Und die ist einfach zu kostbar, um sie zu verschwenden.
11. Dein Wäschetrockner läuft noch.
12. Du willst doch nicht etwa sagen, daß du den Wäschetrockner wegen einem Paar Socken einschaltest?
13. Das kann doch nicht dein Ernst sein! Einen Wäschetrockner oder eine Waschmaschine schaltet man erst dann ein, wenn sie voll sind. Alles andere ist Energieverschwendung.
14. War ... war das alles?
15. Aber man braucht Energie, um Strom zu erzeugen. Sonst hast du auch kein Licht.

Schlag nach!

Schlag nach will und kann kein Lexikon ersetzen. Es enthält und erläutert einige Begriffe, die für die Erziehung zu umweltbewußtem Verhalten von besonderer Bedeutung sind.

Artenschutz: Seltene oder in ihrem Bestand bedrohte Tier- und Pflanzenarten sind gesetzlich geschützt. Sie dürfen weder gepflückt noch ausgegraben bzw. nicht gefangen oder getötet werden. Sie sind natürliche Reserven, die Technik nicht zu ersetzen vermag. So dienen beispielsweise Wildgräser als Grundlage für die Züchtung neuer Getreidesorten.

Industriegesellschaft: Im 19. Jahrhundert waren die Bewohner Mitteleuropas in der Mehrzahl Bauern und Handwerker. Sie standen damals noch in engem Kontakt mit der sie umgebenden natürlichen Umwelt. In der Industriegesellschaft ist diese enge Verbindung vor allem durch die inzwischen erfolgte Teilung von Arbeit in zahllose Berufe sowie die Trennung von Arbeiten und Wohnen für viele Menschen abgerissen.

Kreisläufe: In der Natur befinden sich alle Stoffe eines Lebensraumes in Kreisläufen in einer ständigen Umsetzung. Die Verluste sind bei diesen Recyclingprozessen denkbar gering, und so haben »natürliche Systeme« auch keine Energieprobleme. Die begrenzten Vorräte an Naturgütern auf der Erde zwingen den wirtschaftenden Menschen mehr und mehr, es der Natur gleich zu tun und die von ihm genutzten Rohstoffe einem Wiederverwendungskreislauf zuzuführen, um so Rohstoffe und Energie zu sparen.

Kulturlandschaft: Die durch den Menschen umgewandelte Naturlandschaft wie z. B. Wiese, Wald, Acker und Siedlung. Kulturlandschaften zeichnen sich durch eine Artenarmut an Tieren und Pflanzen aus.

Monokulturen: Eine Form der Bodenbewirtschaftung, bei der nur eine Pflanzensorte angebaut wird. Monokulturen ermöglichen eine beträchtliche Steigerung der Ernten. Einzelne andere Pflanzen- und Tierarten, die in Monokulturen ideale Lebensbedingungen vorfinden – da das natürliche Gleichgewicht gestört ist –, können sich jedoch übermäßig stark vermehren, verheerende Zerstörungen anrichten und Ernten völlig vernichten.

Naturlandschaft: Teile der Erde, die nicht durch direkte menschliche Eingriffe beeinflußt werden, z. B. Urwälder, Moore und Flußauen. Naturlandschaften zeichnen sich durch eine Artenvielfalt an Tieren und Pflanzen aus.

Naturnahe Landschaft: Ehemalige, vom Menschen nicht mehr intensiv genutzte Flächen wie Wildgärten oder Wiesen, die nur noch ein- oder zweimal im Jahr gemäht werden.

Natur-Notruf: Per Telefon oder Brief kann sich jeder an den *Deutschen Naturschutz-Ring* wenden, der offensichtliche, die Allgemeinheit betreffende Mißstände, Schäden und Verunreinigungen in Stadt und Land feststellt.
Umwelt-Telefonanschlüsse gibt es in den Umweltämtern vieler Städte.

Naturschutz: Er soll Natur und Landschaft in besiedelten und unbesiedelten Gebieten so schützen, pflegen und entwickeln, daß der Naturhaushalt, die Nutzung der Naturgüter, Pflanzen und Tiere sowie Vielfalt, Eigenart und Schönheit von Natur und Landschaft als Lebensgrundlage des Menschen nachhaltig gesichert sind.

Ökologie: Lehre vom Haushalt der belebten und unbelebten Natur mit all ihren Verflechtungen von Organisationen untereinander und zu ihrer Umwelt.

Ökosystem: Alle in einem Gebiet vorhandenen und miteinander in Beziehung stehenden Lebewesen und unbelebten Objekte; Veränderungen in einem Teil des Systems haben daher immer Auswirkungen auf andere Teile und somit auch auf andere Systeme.
Alle Organismen (Pflanzen, Tiere, Menschen) streben ein Gleichgewicht an. Jede Massenvermehrung einer Art und jede vom Menschen betriebene Monokultur ist unnatürlich, da der Vorgang eines grenzenlosen Wachstums in der Natur dem Gleichgewichtsstreben zuwiderläuft.

Umwelt: Im allgemeinen Bezeichnung für jenen Lebensbereich einzelner oder Gruppen von Lebewesen, der für sie bedeutsam ist. Man versteht daher unter Umwelt nicht nur den Raum mit seinen natur- und kulturlandschaftlichen Objekten, sondern auch alle in ihm wirksam werdenden Kräfte. Dazu gehören auch gesellschaftliche Gruppen mit ihren Neigungen, Einstellungen und Werten.

Umweltbewußtsein: Die Summe umweltbezogener Einstellungen, allgemeiner Werthaltungen, Wünsche und Ängste sowie Verhaltensweisen, die sich im persönlichen oder gemeinsamen Handeln in der Absicht niederschlagen, die natürlichen Lebensgrundlagen des Menschen nicht zu gefährden.

Umwelterziehung: Das Einwirken auf die Gesamtpersönlichkeit eines Menschen mit dem Ziel, Umwelt bewußt wahrzunehmen, Umweltprobleme zu erkennen und den Menschen zu befähigen, umweltgerechte Entscheidungen zu treffen, die Probleme lösen oder vermeiden helfen.

Umweltschutz: Alle Maßnahmen, die u. a. zum Schutz von Boden und Gewässern beitragen, vor Lärm, Umweltchemikalien und harten Strahlen schützen sowie für die Reinhaltung der Luft und die umweltfreundliche Beseitigung von Abfällen sorgen.

Verhalten: Beschreibt die Gesamtheit aller beobachtbaren Reaktionen eines lebenden Organismus; Verhalten ist das Ergebnis vielfältiger Erfahrungen des einzelnen mit der Umwelt, mit der er in Berührung kommt.

Werte: Sie sind in jeder Gesellschaft die Orientierungsmaßstäbe für Entscheidungen. Sie geben den Menschen eine gewisse Sicherheit in ihrem Verhalten. Beispiele für umweltbedeutsame Werte: Ausbeutung, Verantwortung, Rücksicht, Zusammenarbeit.

Einrichtungen und Organisationen zur Umwelterziehung

B.U.N.D. (Bund für Umwelt- und Naturschutz in Deutschland): Kontaktaufnahme über Orts- oder Kreisverbände

DBV (Deutscher Bund für Vogelschutz): Kontaktaufnahme über Orts- oder Kreisverbände

DNR (Deutscher Naturschutz Ring): Postfach 32 02 10, 5300 Bonn 3

DUA (Deutsche Umwelt-Aktion): Heinrich-Heine-Allee 23, 4000 Düsseldorf 1

Nationalpark Bayerischer Wald: Nationalparkverwaltung, 8352 Grafenau

Schulbiologiezentrum Hannover: Vinnhorster Weg 2, 3000 Hannover 21

SDW (Schutzgemeinschaft Deutscher Wald): Kontaktaufnahme über Orts- oder Kreisverbände

Umweltbundesamt: Bismarckplatz 1, 1000 Berlin/West

Umweltstiftung WWF-Deutschland: Sophienstr. 44, 6000 Frankfurt/Main 90

WWF (World Wildlife Fund)-Lehrerservice: Postfach, CH-8037 Zürich

Zentralstelle für Umwelterziehung: Universität Essen, FB 9, 4300 Essen 1

In den Bundesländern bestehen zahlreiche regionale Einrichtungen; ihre Anschrift teilen u. a. mit:
- ▷ das Ministerium für Umwelt,
- ▷ die Orts- und Kreisverbände des DBV und der SDW.

Verschiedene Landesverbände des Deutschen Jugendherbergwerkes (DJH) haben begonnen, sogenannte Umwelt-Jugendherbergen einzurichten, in denen Gruppen wie Einzelwanderer Gelegenheit zu umweltbezogenen Aktivitäten haben. Auskünfte erteilen die Geschäftsstellen der DJH-Landesverbände.

Bücher zum Lesen und Nachschlagen

Cornell, J. B., ***Mit Kindern die Natur erleben***; Oberbrunn 1979. (Original: ***Sharing Nature with Children***; Nevada City 1979).
Bei der Durchführung der beschriebenen Aktivitäten erfahren sich die Teilnehmer als Teil der natürlichen Umwelt.

Fietkau, H. J., ***Bedingungen ökologischen Handelns***; Weinheim 1984.
Stellt die Grundlagen eines ökologisch orientierten Lernens (Umweltlernen) dar. Für umweltpolitisch Interessierte und Mitarbeiter im Bildungswesen.

Greisenegger, Ingrid, ***Umweltspürnase: Aktivbuch »Wasser«***; Wien 1985.
Informiert ganzheitlich über Wasser – witzig illustriert – verständlich geschriebene Aktivitätsvorschläge.

Häfner, M., ***Das Öko-Testbuch: Mitmachen – die Umwelt retten. Experimente zur Eigeninitiative***; Niedernhausen/Taunus 1986.
Ein praktisches Buch mit vielen Experimenten zum Selbermachen.

Kleemann, G., ***Wegwerfmenschen und andere Geschichten. Naturwissenschaftliche Märchen***; München 1981.
Ausleihen oder kaufen und lesen!

Knirsch, R., ***Die Erkundungswanderung***; Paderborn 1979. Stellt Erkundungswanderungen als Alternative zum sogenannten Hammelherdenprinzip vor. Beschreibt in praktischen Beispielen, wie Teilnehmer an einer Erkundungswanderung über selbstgetroffene Entscheidungen Erfahrung sammeln und bei der Bewältigung risikobehafteter Situationen Erfolg und Mißerfolg erleben.

Knirsch, R., ***Umwelterziehung in den USA. Einführung und Dokumentation mit Folgerungen für die Umwelterziehung in der Bundesrepublik***; Frankfurt/Main 1986.
Für alle, die einmal über den bundesdeutschen Horizont hinausschauen möchten.

Kuhn, K. u. a., ***Biologie im Freien***; Stuttgart 1986.
Sehr anschauliche Sammlung von Aktivitäten zum besseren Verständnis von biologischen Fragen in der Umwelt.

Merck, E., ***Aquamerck-Kompaktlabor für Wasseruntersuchungen***; Darmstadt o. J.

Schreiber, R. L. u. a., ***Rettet die Vogelwelt;*** Ravensburg 1987.
Mehr als ein Vogelbuch!

Seymour, J./Girardet, H., ***Fern vom Garten Eden. Die Geschichte des Bodens***; Frankfurt/Main 1985.
Die informativen Berichte aus vielen Ländern unserer Erde zeigen, wie der Mensch den Boden kultiviert, zerstört oder bewahrt (hat). Ein reich illustriertes Umweltbuch.

Stern, H. u. a., ***Rettet den Wald***; München 1979.
Umfassende, anschauliche und verständliche Auseinandersetzung mit dem Ökosystem Wald.

natur: Monatszeitschrift mit zahlreichen kritischen Beiträgen zu aktuellen Umweltfragen.

Jugendbuchverlage haben zahlreiche Bücher für Kinder und Jugendliche zu Umweltfragen veröffentlicht. Fragen Sie Ihren Buchhändler.

Rudolf R. Knirsch, Jahrgang 1927, studierte Pädagogik, Geographie, Wirtschafts- und Sozialgeschichte. Er ist Lehrer an der Johann Wolfgang Goethe-Universität in Frankfurt am Main und hat sich seit vielen Jahren der Umwelterziehung verschrieben. Sein Buch *Umwelterziehung in den USA* wurde mit dem »Förderpreis Umweltschutz 1986« ausgezeichnet.